天皇と皇室の謎99

かみゆ歴史編集部

イースト新書Q
Q048

はじめに

平成28年（２０１６）、今上天皇がお務めについてのおことばを発表され、生前における退位の意向を示された。これを受けた政府は、平成31年（２０１９）４月30日に今上天皇の退位を、翌５月１日に皇太子殿下の即位と新元号発表を決定。特例法を設けて法的整備を進めている。

天皇とはなにか？　国民の象徴とはどういうことか？　こう問われて答えられる日本人は何人いるだろう。

私たちは学校教育の中で天皇の事蹟を習い、時には歴代天皇の名前を暗記することもある。しかし、名前を知っていても、個々の天皇の性格や生い立ちなどを学ぶ機会は少ない。たとえば、関心の中心となっている生前退位（天皇が生前に譲位し、新天皇が位を受け継ぐこと）についても、前例のあることであり、歴代天皇の半数近くが生前に退位していると知っている人は多くないだろう。

天皇と皇室にまつわる素朴な疑問や謎をひもとくことが本書の目的のひとつである。そこで「天皇と皇室の基礎知識」「『古事記』と『日本書紀』に見る天皇」「歴史上の天皇をもっと知る」「天皇にまつわる祭祀・儀礼と生活」の4章構成とすることで、より読者が理解しやすくなるようこころがけた。

まず「天皇と皇室の基礎知識」では、天皇の存在や役割、皇族の規定など、本書を読み進める上で、知っておくべき基礎知識について知ることができる。次の『古事記』と『日本書紀』に見る天皇」では、神武天皇や欠史八代など伝説上の天皇を紹介。続く「歴史上の天皇をもっと知る」では、天智天皇や聖武天皇など歴史上の紹介の他に、「世襲親王家」「天皇機関説」など歴史における天皇の疑問を解説している。そして「天皇にまつわる祭祀・儀礼と生活」では、殯や「践祚・即位の儀」、眞子内親王殿下のニュースで注目度が高まっている「結納・婚礼の儀」など、天皇や皇室の暮らしや儀礼について取り上げている。

本書がQ&A方式となっているのは、なるべく平易にわかりやすく、読者に興味をもってもらうためである。気になった事柄をチョイスして読んでもらってかまわない。読者が抱く身近な疑問が、本書を通して、天皇や皇室における関心を深めるきっかけ、さらには、私たちと天皇との関係について考える一助になれば幸いである

かみゆ歴史編集部

●目次

3章 歴史上の天皇をもっと知る

天皇の称号ミステリー

4章 天皇にまつわる祭祀・儀式と生活

天皇系図

数字は皇統譜にもとづく即位順、数は女性天皇を示す
（　）は在位年。即位年は主に宮内庁の天皇系図による践祚・称制を含む

神代～古墳時代

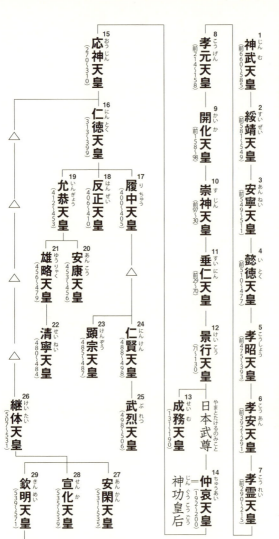

1 神武《じんむ》天皇（前660～585）
2 綏靖《すいぜい》天皇（前581～549）
3 安寧《あんねい》天皇（前549～511）
4 懿徳《いとく》天皇（前510～477）
5 孝昭《こうしょう》天皇（前475～393）
6 孝安《こうあん》天皇（前392～291）
7 孝霊《こうれい》天皇（前290～215）
8 孝元《こうげん》天皇（前214～158）
9 開化《かいか》天皇（前158～98）
10 崇神《すじん》天皇（前97～30）
11 垂仁《すいにん》天皇（前29～70）
12 景行《けいこう》天皇（71～130）
13 成務《せいむ》天皇（131～190）
日本武尊《やまとたけるのみこと》
14 仲哀《ちゅうあい》天皇（192～200）＝神功皇后《じんぐうこうごう》
15 応神《おうじん》天皇（270～310）
16 仁徳《にんとく》天皇（313～399）
17 履中《りちゅう》天皇（400～405）
18 反正《はんぜい》天皇（406～410）
19 允恭《いんぎょう》天皇（412～453）
20 安康《あんこう》天皇（453～456）
21 雄略《ゆうりゃく》天皇（456～479）
22 清寧《せいねい》天皇（480～484）
23 顕宗《けんぞう》天皇（485～487）
24 仁賢《にんけん》天皇（488～498）
25 武烈《ぶれつ》天皇（498～506）
26 継体《けいたい》天皇（507～531）
27 安閑《あんかん》天皇（531～535）
28 宣化《せんか》天皇（535～539）
29 欽明《きんめい》天皇（539～571）

飛鳥〜奈良時代

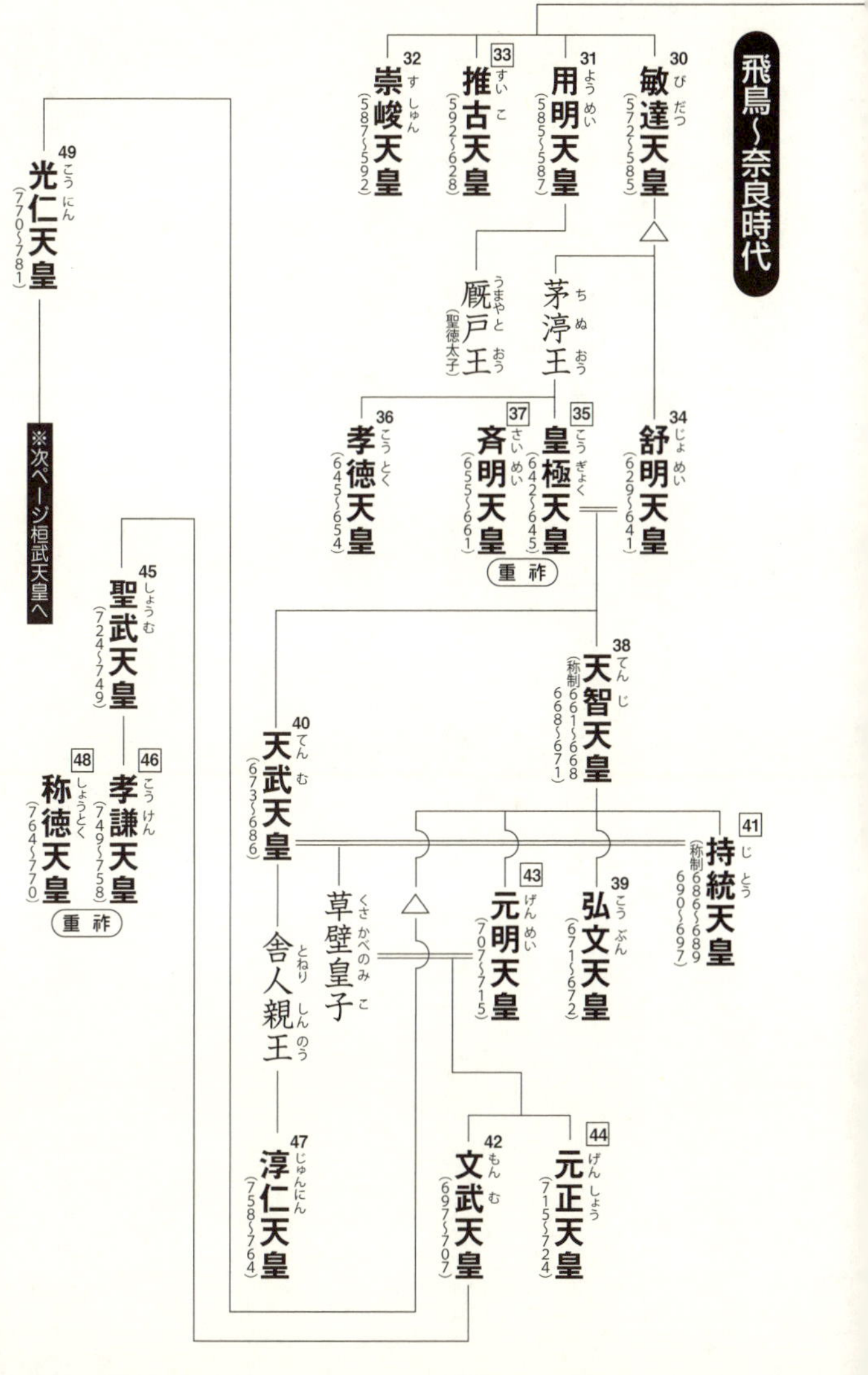
30 敏達《びだつ》天皇（572〜585）
31 用明《ようめい》天皇（585〜587）
33 推古《すいこ》天皇（592〜628）
32 崇峻《すしゅん》天皇（587〜592）
茅渟王《ちぬおう》
厩戸王《うまやとおう》（聖徳太子）
34 舒明《じょめい》天皇（629〜641）
35 皇極《こうぎょく》天皇（642〜645）
37 斉明《さいめい》天皇（655〜661）
重祚
36 孝徳《こうとく》天皇（645〜654）
38 天智《てんじ》天皇（称制661〜668 668〜671）
41 持統《じとう》天皇（称制686〜689 690〜697）
39 弘文《こうぶん》天皇（671〜672）
43 元明《げんめい》天皇（707〜715）
40 天武《てんむ》天皇（673〜686）
草壁皇子《くさかべのみこ》
舎人親王《とねりしんのう》
44 元正《げんしょう》天皇（715〜724）
42 文武《もんむ》天皇（697〜707）
47 淳仁《じゅんにん》天皇（758〜764）
45 聖武《しょうむ》天皇（724〜749）
46 孝謙《こうけん》天皇（749〜758）
48 称徳《しょうとく》天皇（764〜770）
重祚
49 光仁《こうにん》天皇（770〜781）
※次ページ桓武天皇へ

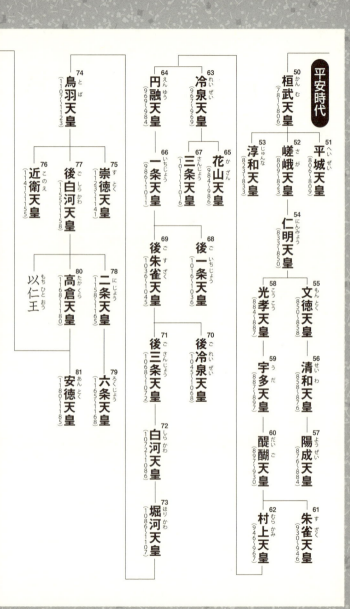

平安時代

50 桓武《かんむ》天皇（781〜806）

51 平城《へいぜい》天皇（806〜809）

52 嵯峨《さが》天皇（809〜823）

53 淳和《じゅんな》天皇（823〜833）

54 仁明《にんみょう》天皇（833〜850）

55 文徳《もんとく》天皇（850〜858）

56 清和《せいわ》天皇（858〜876）

57 陽成《ようぜい》天皇（876〜884）

58 光孝《こうこう》天皇（884〜887）

59 宇多《うだ》天皇（887〜897）

60 醍醐《だいご》天皇（897〜930）

61 朱雀《すざく》天皇（930〜946）

62 村上《むらかみ》天皇（946〜967）

63 冷泉《れいぜい》天皇（967〜969）

64 円融《えんゆう》天皇（969〜984）

65 花山《かざん》天皇（984〜986）

66 一条《いちじょう》天皇（986〜1011）

67 三条《さんじょう》天皇（1011〜1016）

68 後一条《ごいちじょう》天皇（1016〜1036）

69 後朱雀《ごすざく》天皇（1036〜1045）

70 後冷泉《ごれいぜい》天皇（1045〜1068）

71 後三条《ごさんじょう》天皇（1068〜1072）

72 白河《しらかわ》天皇（1072〜1086）

73 堀河《ほりかわ》天皇（1086〜1107）

74 鳥羽《とば》天皇（1107〜1123）

75 崇徳《すとく》天皇（1123〜1141）

76 近衛《このえ》天皇（1141〜1155）

77 後白河《ごしらかわ》天皇（1155〜1158）

78 二条《にじょう》天皇（1158〜1165）

79 六条《ろくじょう》天皇（1165〜1168）

80 高倉《たかくら》天皇（1168〜1180）

以仁王《もちひとおう》

81 安徳《あんとく》天皇（1180〜1185）

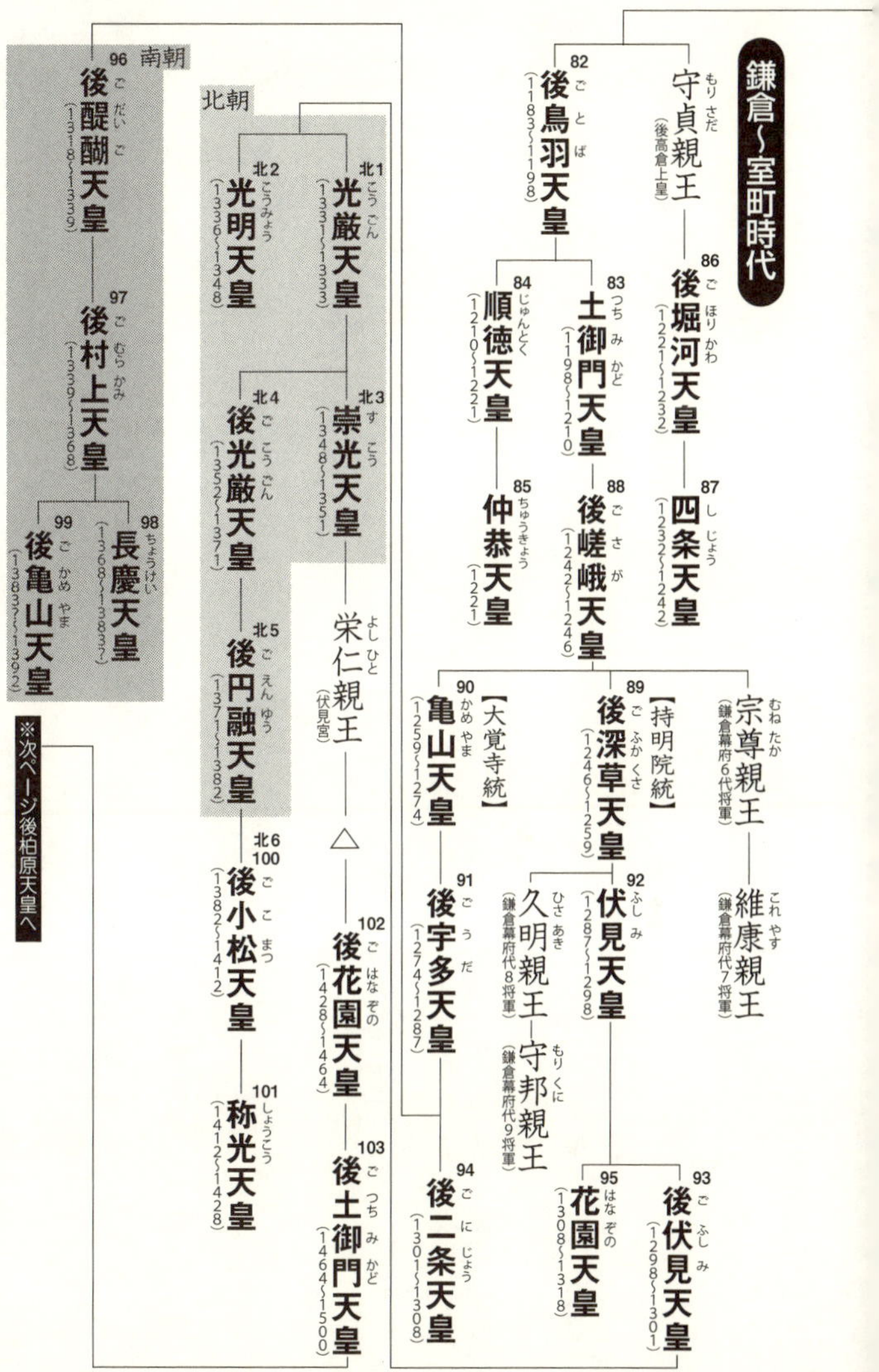
鎌倉～室町時代
守貞《もりさだ》親王（後高倉上皇）
82 後鳥羽《ごとば》天皇（1183～1198）
86 後堀河《ごほりかわ》天皇（1221～1232）
87 四条《しじょう》天皇（1232～1242）
83 土御門《つちみかど》天皇（1198～1210）
84 順徳《じゅんとく》天皇（1210～1221）
88 後嵯峨《ごさが》天皇（1242～1246）
85 仲恭《ちゅうきょう》天皇（1221）
宗尊《むねたか》親王（鎌倉幕府6代将軍）
維康《これやす》親王（鎌倉幕府7代将軍）
【持明院統】
89 後深草《ごふかくさ》天皇（1246～1259）
【大覚寺統】
90 亀山《かめやま》天皇（1259～1274）
92 伏見《ふしみ》天皇（1287～1298）
久明《ひさあき》親王（鎌倉幕府代8将軍）
守邦《もりくに》親王（鎌倉幕府代9将軍）
91 後宇多《ごうだ》天皇（1274～1287）
93 後伏見《ごふしみ》天皇（1298～1301）
95 花園《はなぞの》天皇（1308～1318）
94 後二条《ごにじょう》天皇（1301～1308）
北朝
北1 光厳《こうごん》天皇（1331～1333）
北2 光明《こうみょう》天皇（1336～1348）
北3 崇光《すこう》天皇（1348～1351）
北4 後光厳《ごこうごん》天皇（1352～1371）
北5 後円融《ごえんゆう》天皇（1371～1382）
北6 100 後小松《ごこまつ》天皇（1382～1412）
101 称光《しょうこう》天皇（1412～1428）
栄仁《よしひと》親王（伏見宮）
△
102 後花園《ごはなぞの》天皇（1428～1464）
103 後土御門《ごつちみかど》天皇（1464～1500）
南朝
96 後醍醐《ごだいご》天皇（1318～1339）
97 後村上《ごむらかみ》天皇（1339～1368）
98 長慶《ちょうけい》天皇（1368～1383?）
99 後亀山《ごかめやま》天皇（1383?～1392）
※次ページ後柏原天皇へ

室町～安土桃山時代

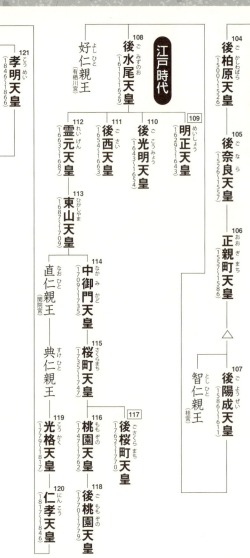

- 104 後《ご》柏原《かしわばら》天皇（1500～1526）
- 105 後《ご》奈《な》良《ら》天皇（1526～1557）
- 106 正《おお》親《ぎ》町《まち》天皇（1557～1586）
- △
- 107 後《ご》陽《よう》成《ぜい》天皇（1586～1611）
- 智《とし》仁《ひと》親王（桂宮）

江戸時代

- 108 後《ご》水尾《みずのお》天皇（1611～1629）
- 好《よし》仁《ひと》親王（有栖川宮）
- 109 明正《めいしょう》天皇（1629～1643）
- 110 後《ご》光明《こうみょう》天皇（1643～1654）
- 111 後《ご》西《さい》天皇（1654～1663）
- 112 霊《れい》元《げん》天皇（1663～1687）
- 113 東山《ひがしやま》天皇（1687～1709）
- 114 中《なか》御《み》門《かど》天皇（1709～1735）
- 直《なお》仁《ひと》親王（閑院宮）
- 115 桜町《さくらまち》天皇（1735～1747）
- 典《すけ》仁《ひと》親王
- 116 桃《もも》園《ぞの》天皇（1747～1762）
- 117 後《ご》桜《さくら》町《まち》天皇（1762～1770）
- 118 後《ご》桃《もも》園《ぞの》天皇（1770～1779）
- 119 光《こう》格《かく》天皇（1779～1817）
- 120 仁《にん》孝《こう》天皇（1817～1846）
- 121 孝《こう》明《めい》天皇（1846～1866）
- 親《ちか》子《こ》内親王（和宮）

近代・現代

- 122 明治《めいじ》天皇（1867〜1912）
  - 123 大正《たいしょう》天皇（1912〜1926）
    - 124 昭和《しょうわ》天皇（1926〜1989）＝香淳《こうじゅん》皇后
      - 125 今上《きんじょう》天皇（1989〜）＝美智子《みちこ》皇后
        - ❶皇太子徳仁《なるひと》親王＝雅子《まさこ》妃
          - 愛子《あいこ》内親王
        - ❷秋篠宮《あきしののみや》文仁《ふみひと》親王＝紀子《きこ》妃
          - 眞子《まこ》内親王
          - 佳子《かこ》内親王
          - ❸悠仁《ひさひと》親王
      - ❹常陸宮《ひたちのみや》正仁《まさひと》親王＝華子《はなこ》妃
    - 秩父宮《ちちぶのみや》雍仁《やすひと》親王＝勢津子《せつこ》妃
    - 高松宮《たかまつのみや》宣仁《のぶひと》親王＝喜久子《きくこ》妃
    - 三笠宮《みかさのみや》崇仁《たかひと》親王＝百合子《ゆりこ》妃
      - 三笠宮寛仁《ともひと》親王＝信子《のぶこ》妃
        - 彬子《あきこ》女王
        - 瑶子《ようこ》女王
      - 桂宮《かつらのみや》宜仁《よしひと》親王
      - 高円宮《たかまどのみや》憲仁《のりひと》親王＝久子《ひさこ》妃
        - 承子《つぐこ》女王
        - 絢子《あやこ》女王

❶〜❹は皇位継承順
平成30年5月31日現在

鎌倉時代

寛喜《かんぎ》	1229～1232
貞永《じょうえい》	1232～1233
天福《てんぷく》	1233～1234
文暦《ぶんりゃく》	1234～1235
嘉禎《かてい》	1235～1238
暦仁《りゃくにん》	1238～1239
延応《えんのう》	1239～1240
仁治《にんじ》	1240～1243
寛元《かんげん》	1243～1247
宝治《ほうじ》	1247～1249
建長《けんちょう》	1249～1256
康元《こうげん》	1256～1257
正嘉《しょうか》	1257～1259
正元《しょうげん》	1259～1260
文応《ぶんおう》	1260～1261
弘長《こうちょう》	1261～1264
文永《ぶんえい》	1264～1275
建治《けんじ》	1275～1278
弘安《こうあん》	1278～1288
正応《しょうおう》	1288～1293
永仁《えいにん》	1293～1299
正安《しょうあん》	1299～1302
乾元《けんげん》	1302～1303
嘉元《かげん》	1303～1306
徳治《とくじ》	1306～1308
延慶《えんぎょう》	1308～1311
応長《おうちょう》	1311～1312
正和《しょうわ》	1312～1317
文保《ぶんぽう》	1317～1319
元応《げんおう》	1319～1321
元亨《げんこう》	1321～1324
正中《しょうちゅう》	1324～1326
嘉暦《かりゃく》	1326～1329
元徳《げんとく》	1329～1331

室町時代 南北朝時代

【北朝】		【南朝】	
元徳《げんとく》	1331～1332	元弘《げんこう》	1331～1334
正慶《しょうきょう》	1332～1333		
建武《けんむ》	1334～1338	建武《けんむ》	1334～1336
暦応《りゃくおう》	1338～1342	延元《えんげん》	1336～1340
康永《こうえい》	1342～1345	興国《こうこく》	1340～1346
貞和《じょうわ》	1345～1350		
観応《かんのう》	1350～1352	正平《しょうへい》	1346～1370
文和《ぶんな》	1352～1356		
延文《えんぶん》	1356～1361		
康安《こうあん》	1361～1362		
貞治《じょうじ》	1362～1368		
応安《おうあん》	1368～1375	建徳《けんとく》	1370～1372
永和《えいわ》	1375～1379	文中《ぶんちゅう》	1372～1375
康暦《こうりゃく》	1379～1381	天授《てんじゅ》	1375～1381
永徳《えいとく》	1381～1384	弘和《こうわ》	1381～1384
至徳《しとく》	1384～1387		
嘉慶《かきょう》	1387～1389	元中《げんちゅう》	1384～1392
康応《こうおう》	1389～1390		
明徳《めいとく》	1390～1394		

室町時代

応永《おうえい》	1394～1428
正長《しょうちょう》	1428～1429
永享《えいきょう》	1429～1441
嘉吉《かきつ》	1441～1444
文安《ぶんあん》	1444～1449
宝徳《ほうとく》	1449～1452
享徳《きょうとく》	1452～1455
康正《こうしょう》	1455～1457
長禄《ちょうろく》	1457～1460
寛正《かんしょう》	1460～1466
文正《ぶんしょう》	1466～1467

戦国時代

応仁《おうにん》	1467～1469
文明《ぶんめい》	1469～1487
長享《ちょうきょう》	1487～1489
延徳《えんとく》	1489～1492
明応《めいおう》	1492～1501
文亀《ぶんき》	1501～1504
永正《えいしょう》	1504～1521
大永《だいえい》	1521～1528
享禄《きょうろく》	1528～1532
天文《てんぶん》	1532～1555
弘治《こうじ》	1555～1558
永禄《えいろく》	1558～1570
元亀《げんき》	1570～1573

安土・桃山時代

天正《てんしょう》	1573～1592
文禄《ぶんろく》	1592～1596
慶長《けいちょう》	1596～1615

江戸時代

元和《げんな》	1615～1624
寛永《かんえい》	1624～1644
正保《しょうほう》	1644～1648
慶安《けいあん》	1648～1652
承応《じょうおう》	1652～1655
明暦《めいれき》	1655～1658
万治《まんじ》	1658～1661
寛文《かんぶん》	1661～1673
延宝《えんぽう》	1673～1681
天和《てんな》	1681～1684
貞享《じょうきょう》	1684～1688
元禄《げんろく》	1688～1704
宝永《ほうえい》	1704～1711
正徳《しょうとく》	1711～1716
享保《きょうほう》	1716～1736
元文《げんぶん》	1736～1741
寛保《かんぽう》	1741～1744
延享《えんきょう》	1744～1748
寛延《かんえん》	1748～1751
宝暦《ほうれき》	1751～1764
明和《めいわ》	1764～1772
安永《あんえい》	1772～1781
天明《てんめい》	1781～1789
寛政《かんせい》	1789～1801
享和《きょうわ》	1801～1804
文化《ぶんか》	1804～1818
文政《ぶんせい》	1818～1830
天保《てんぽう》	1830～1844
弘化《こうか》	1844～1848
嘉永《かえい》	1848～1854
安政《あんせい》	1854～1860
万延《まんえん》	1860～1861
文久《ぶんきゅう》	1861～1864
元治《げんじ》	1864～1865
慶応《けいおう》	1865～1868

近代

明治《めいじ》	1868～1912
大正《たいしょう》	1912～1926

現代

昭和《しょうわ》	1926～1989
平成《へいせい》	1989～

元号一覧

飛鳥時代

大化《たいか》 645～650
白雉《はくち》 650～654
朱鳥《しゅちょう》 686
大宝《たいほう》 701～704
慶雲《けいうん》 704～708

奈良時代

和銅《わどう》 708～715
霊亀《れいき》 715～717
養老《ようろう》 717～724
神亀《じんき》 724～729
天平《てんぴょう》 729～749
天平感宝《てんぴょうかんぽう》 749
天平勝宝《てんぴょうしょうほう》 749～757
天平宝字《てんぴょうほうじ》 757～765
天平神護《てんぴょうじんご》 765～767
神護景雲《じんごけいうん》 767～770
宝亀《ほうき》 770～780
天応《てんのう》 781～782
延暦《えんりゃく》 782～806

平安時代

大同《だいどう》 806～810
弘仁《こうにん》 810～824
天長《てんちょう》 824～834
承和《じょうわ》 834～848
嘉祥《かしょう》 848～851
仁寿《にんじゅ》 851～854
斉衡《さいこう》 854～857
天安《てんあん》 857～859
貞観《じょうがん》 859～877
元慶《がんぎょう》 877～885
仁和《にんな》 885～889
寛平《かんぴょう》 889～898
昌泰《しょうたい》 898～901
延喜《えんぎ》 901～923
延長《えんちょう》 923～931
承平《じょうへい》 931～938
天慶《てんぎょう》 938～947
天暦《てんりゃく》 947～957
天徳《てんとく》 957～961
応和《おうわ》 961～964
康保《こうほう》 964～968
安和《あんな》 968～970
天禄《てんろく》 970～973
天延《てんえん》 973～976
貞元《じょうげん》 976～978
天元《てんげん》 978～983
永観《えいかん》 983～985
寛和《かんな》 985～987
永延《えいえん》 987～989
永祚《えいそ》 989～990
正暦《しょうりゃく》 990～995
長徳《ちょうとく》 995～999
長保《ちょうほう》 999～1004
寛弘《かんこう》 1004～1012
長和《ちょうわ》 1012～1017
寛仁《かんにん》 1017～1021
治安《じあん》 1021～1024
万寿《まんじゅ》 1024～1028
長元《ちょうげん》 1028～1037
長暦《ちょうりゃく》 1037～1040
長久《ちょうきゅう》 1040～1044
寛徳《かんとく》 1044～1046
永承《えいしょう》 1046～1053
天喜《てんぎ》 1053～1058
康平《こうへい》 1058～1065
治暦《じりゃく》 1065～1069
延久《えんきゅう》 1069～1074
承保《じょうほう》 1074～1077
承暦《じょうりゃく》 1077～1081
永保《えいほう》 1081～1084
応徳《おうとく》 1084～1087
寛治《かんじ》 1087～1094
嘉保《かほう》 1094～1096
永長《えいちょう》 1096～1097
承徳《じょうとく》 1097～1099
康和《こうわ》 1099～1104
長治《ちょうじ》 1104～1106
嘉承《かじょう》 1106～1108
天仁《てんにん》 1108～1110
天永《てんえい》 1110～1113
永久《えいきゅう》 1113～1118
元永《げんえい》 1118～1120
保安《ほうあん》 1120～1124
天治《てんじ》 1124～1126
大治《だいじ》 1126～1131
天承《てんしょう》 1131～1132
長承《ちょうしょう》 1132～1135
保延《ほうえん》 1135～1141
永治《えいじ》 1141～1142
康治《こうじ》 1142～1144
天養《てんよう》 1144～1145
久安《きゅうあん》 1145～1151
仁平《にんぴょう》 1151～1154
久寿《きゅうじゅ》 1154～1156
保元《ほうげん》 1156～1159
平治《へいじ》 1159～1160
永暦《えいりゃく》 1160～1161
応保《おうほう》 1161～1163
長寛《ちょうかん》 1163～1165
永万《えいまん》 1165～1166
仁安《にんあん》 1166～1169
嘉応《かおう》 1169～1171
承安《じょうあん》 1171～1175
安元《あんげん》 1175～1177
治承《じしょう》 1177～1181
養和《ようわ》 1181～1182
寿永《じゅえい》 1182～1184
元暦《げんりゃく》 1184～1185
文治《ぶんじ》 1185～1190

鎌倉時代

建久《けんきゅう》 1190～1199
正治《しょうじ》 1199～1201
建仁《けんにん》 1201～1204
元久《げんきゅう》 1204～1206
建永《けんえい》 1206～1207
承元《じょうげん》 1207～1211
建暦《けんりゃく》 1211～1213
建保《けんぽう》 1213～1219
承久《じょうきゅう》 1219～1222
貞応《じょうおう》 1222～1224
元仁《げんにん》 1224～1225
嘉禄《かろく》 1225～1227
安貞《あんてい》 1227～1229

世界の王室一覧

国名	建国(独立)年	政治体制	元首	人口
日本	紀元前660年	立憲君主制	今上天皇	1億2700万人
カンボジア王国	1953年	立憲君主制	ノロドム・シハモニ	1470万人
タイ王国	1782年	立憲君主制	マハー・ワチラロンコン・ボディンタラーテーパヤワランクーン	6572万人
ブータン王国	1907年	立憲君主制	ジグミ・ケサル・ナムギャル・ワンチュク	79.7万人
ブルネイ・ダルサラーム国	14世紀末	立憲君主制	ハサナル・ボルキア	42.3万人
マレーシア	15世紀初め	立憲君主制	ムハマド5世	3200万人
英国(グレートブリテン及び北アイルランド連合王国)	1707年	立憲君主制	エリザベス2世	6565万人
オランダ王国	1815年	立憲君主制	ウィレム・アレキサンダー	1718万人
スウェーデン王国	1523年	立憲君主制	カール16世グスタフ	1012万人
スペイン王国	1492年	議会君主制	フェリペ6世	4646万人
ノルウェー王国	1905年	立憲君主制	ハラルド5世	525万人
デンマーク王国	1660年	立憲君主制	マルグレーテ2世	578万人
ベルギー王国	1830年	立憲君主制	フィリップ	1132万人
モナコ公国	1297年	立憲君主制	アルベール2世	3.8万人
リヒテンシュタイン公国	1719年	立憲君主制	ハンス=アダム2世	3.7万人
ルクセンブルク大公国	1839年	立憲君主制	アンリ	59万人
オマーン国	1970年	君主制	カブース・ビン・サイード	456万人
カタール国	1971年	首長制	シェイク・タミーム・ビン・ハマド・アール・サーニ	267万人
クウェート国	1961年	首長制	シェイク・サバーハ・アル・アハマド・アル・ジャービル・アル・サバーハ	428万人
サウジアラビア王国	1932年	君主制	サルマン・ビン・アブドルアジーズ・アール・サウード	3228万人
バーレーン王国	1971年	立憲君主制	ハマド・ビン・イーサ・アール・ハリーファ	142.4万人
ヨルダン・ハシェミット王国	1946年	立憲君主制	アブドッラー2世・イブン・アル・フセイン	945.5万人
サモア独立国	1962年	選挙により選ぶ	トゥイアアナ・トゥイマレアリイファノ・ヴァアレトア・スアラウヴィ2世	20万人
トンガ王国	1845年	立憲君主制	トゥポウ6世	11万人
スワジランド王国	1968年	王制	ムスワティ3世	134万人
モロッコ王国	1660年	立憲君主制	モハメッド6世	3528万人
レソト王国	1966年	立憲君主制	レツィエ3世	220万人

※外務省ホームページなどを参考に作成

1章
天皇と皇室の基礎知識

Q1 「象徴天皇」とは一体どんな存在なのか？

かつて天皇は日本の長だった。しかし次第に、時の権力者によって主権を奪われていくこととなる。ところが江戸時代末期に起きた尊王攘夷運動の中、天皇は国の政治の中枢として推戴された。そして明治時代の大日本帝国憲法において、天皇は神聖不可侵の日本の元首とされるようになった。富国強兵を目指す日本は、天皇を中心にした国づくりをはじめたのだ。天皇は軍の統帥権だけでなく、裁判所や内閣の権限さえ持つようになった。昭和に入り太平洋戦争がはじまると、軍部は天皇を神格化。ポツダム宣言を受諾した昭和20年（1945）8月、昭和天皇による終戦の詔「玉音放送」をもって太平洋戦争は終結し、昭和天皇は俗にいう「人間宣言」で神格を否定した。

戦後は連合国軍最高司令官総司令部（GHQ）の総司令官であるダグラス・マッカーサーによる戦後処理が実施されるのだが、GHQは天皇の存在を日本の占領統治に利用すべきと判断、昭和天皇に戦争責任を問うことはなかった。そのかわり、GHQも草案づくりにかかわった日本国憲法第1条にはこれまでとは異なる天皇の立場として、「天皇は、日本国の象徴であり日本国民統合の象徴であって、この地位は、主権の存する日本国民の総意に基く」と記すこととなった。以後、天皇は政治に一切関与できなくなり、日本国の象徴として君臨することとなった。

ただし、次のようなことは天皇の「国事行為」、つまり公務として定められている。国会で指名された内閣総理大臣を任命すること、憲法改正、法律、法令及び条約を公布すること、国会を召集することなどだ。これに加えて毎年千件近い書類に目を通し、判を押すデスクワークも重要な仕事の一つ。ただし前述のとおり天皇は政治に関与できないので、これらの採決や任命は形式上のものであり、拒否権はない。

仕事はこれだけではなく、国賓接待、海外訪問などの国事行為、被災地へのお見舞いなどの公的行為。宮中儀式である祭祀まで、天皇の役目は多岐にわたる。特に人間宣言を行った昭和天皇の次に即位された今上《きんじょう》天皇は各地の訪問に熱心で、即位から15年の間に47都道府県を訪問、被災地では一人一人声をかけられるなど、国民との触れ合いに時間を割かれた。そして今上天皇が平成28年（2016）に民間に向けて公表されたビデオメッセージの中では「象徴」という言葉を幾度も繰り返された。天皇が象徴となって70年。「象徴としての天皇とは」は、陛下自身が一番深く思い悩まれている課題なのかもしれない。

Q2 祭祀は年間どのくらい行われる？

古代、天皇は政治だけでなく祭祀を行うことも大事な仕事の一つだった。『古事記』によると、初代天皇の神武《じんむ》天皇が即位した際、神恩に感謝して鳥見山《とみやま》で天照大御神《あまてらすおおみかみ》を祀ったことが天皇による祭祀のはじまりといわれている。天皇はシャーマニズムの王でもあった。

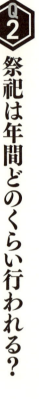

象徴天皇となった今でも、宮中の祭祀は脈々と受け継がれている。時代の流れの中で祭祀の内容が変貌したものもあるが、今でも主要な祭祀は年間24回も行われている。しかし、祭祀のほとんどは皇居の奥で行われ、原則非公開。一般の人が目にする機会はない。この祭祀で何が祈られているかといえば、豊穣と国家の繁栄、神恩感謝と祖先の霊への感謝などであるという。

そんな祭祀は1月1日の元旦からはじまる。まだ日も昇らない朝5時半、天皇陛下が新年の拝礼を行う「四方拝《しほうはい》」（Q77）が最初の祭祀だ。年のはじめでもある1月は、この後も重要な祭祀が数日かけて行われる。1月に続いて大きい祭祀といえば11月の新嘗祭《にいなめさい》（Q76）だろう。民間では勤労感謝の日として知られる11月23日は元々、収穫祭だった。新嘗祭は

主な宮中祭祀一覧

1月1日	四方拝 歳旦祭
1月3日	元始祭
1月4日	奏事始
1月7日	昭和天皇祭
1月30日	孝明天皇例祭
2月17日	祈年祭
春分の日	春季皇霊祭 春季神殿祭
4月3日	神武天皇祭 皇霊殿御神楽
6月16日	香淳皇后例祭
6月30日	節折 大祓
7月30日	明治天皇例祭
秋分の日	秋季皇霊祭 秋季神殿祭
10月17日	神嘗祭
11月23日	新嘗祭
12月中旬	賢所御神楽
12月23日	天長祭
12月25日	大正天皇例祭
12月31日	節折 大祓

天皇陛下が皇居内で育てられた稲を神々へお供えし、宮中では天照大御神に豊穣を祈念する様々な祈りが捧げられる。天皇陛下は皇居内の神殿で伊勢神宮を遥拝《ようはい》し長時間祈りを捧げるなど非常に時間のかかる祭祀だ。こういった国家鎮護の祭祀や豊穣への祈りだけでなく、昭和天皇、香淳《こうじゅん》皇后、明治天皇といった祖先の命日には祖先の霊に対しての祭祀も行われる。

ただし天皇家の行う祭祀は「天皇の私的な活動」とみなされ、国事行為や公的行為にはあたらない。そのため祭祀の費用は天皇家の生活費から支払われ、祭祀の際には天皇家の私設の神職ともいうべき掌典職《しょうてんしょく》の人々が天皇のサポート役を務める。

Q3 歴代の天皇名は、在位中には使われていない？

現在の天皇陛下の呼び名は「陛下」、または「今上天皇」だ。在位中に「平成天皇」と呼ぶことは決してない。元号を冠する呼び名は、天皇の崩御後に与えられる名前、贈り名ともいうべき「諡号《しごう》」だからである。そして天皇の諱《いみな》（本名）を付けて「○○天皇」と呼ぶことも滅多にない。なぜなら一部の時代を除いて、天皇が二人並び立つことはなく、天皇はその時代で唯一無二の人物だからだ。だからこそ天皇は即位をして崩御（もしくは退位）するまで「陛下」もしくは「今上天皇」と呼ばれるのである。

天皇という呼び方がはじめて登場するのは608年、遣随使《けんずいし》の時代。随から届けられた国書の中にある記述が最初といわれている。その呼び名は諡号としても使われるようになるのだが、諡号の付け方は時代によって少々異なる。古代の天皇は「神武」「天智《てんじ》」「天武《てんむ》」など、漢風諡号と呼ばれる諡号、もしくは「天渟中原瀛真人天皇《あまのぬなはらおきのまひとのみこと》（天武天皇の諡号）」というような和風諡号が贈られた。歴史書でよく目にする漢風諡号は、むしろ後で付けられたという説もある。平安時代になると天皇の宮が置かれた場所名を冠する諡号や、「○○院」

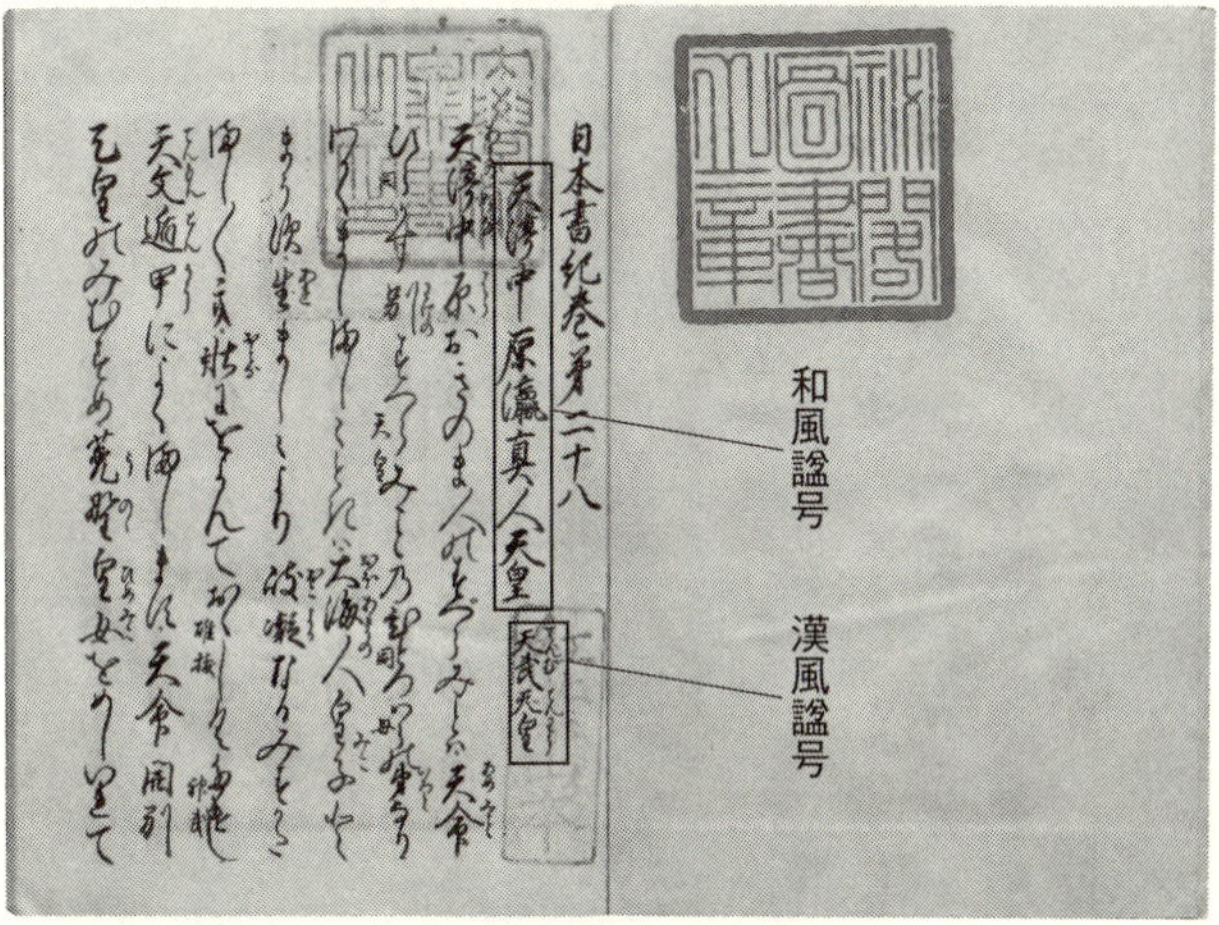

『日本書紀』の天武天皇の巻。和風諡号の下に小さく天武天皇とある

という院号の諡号も増えていく。

　こうして長らく「院」諡号が続くことになるのだが、江戸時代の119代光格《こうかく》天皇によって「○○天皇」の諡号は蘇り、以後こちらがスタンダードな諡号となる（Q62）。そして近代に入ると元号を頭に付けた諡号がメインとなった。

　多くの場合、先の天皇が崩御後に次の天皇が即位しており、諡号は後で付けられることがほとんどだった。そんな天皇と諡号という繋がりで珍しい天皇が、自ら諡号を決める「遺諡」を行った96代後醍醐《ごだいご》天皇だ。鎌倉時代から南北朝時代にかけて、倒幕を志し時代を大きく揺り動かしたことでも知られている。

Q4 日本の皇室は世界最古？

世界には日本を含めると、27の王室が存在する。イギリス、ベルギー、スペイン、タイにマレーシア、オランダなどだ。ロイヤルファミリーとも称されるこれらの王室は、その名のとおり国王を中心とした一家である。

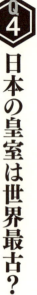

かつて世界には、もっと多くの君主制国家が存在していたが、18世紀から20世紀にかけて世界各国で革命が起き、君主制が廃止されていく。各国で王政が廃止されて民主主義となり、王族はその数を減らしていった。その中で天皇家は途絶えることなく脈々と継続し続けてきた血筋である。日本の皇室が他国から注目を浴びるそのわけは、皇室が持つ歴史の長さだ。

伝説の時代を含むことを許されるならば、天皇家の祖先は遥か神話時代にまで遡る。歴史書の中に記載がある時期からだとしても、今の天皇家は6世紀前半頃から1500年近くにわたって脈々と受け継いできた血筋であるといわれている。他の国をみても、これほど長く続く王室は存在しない。日本の皇室は、世界でも最古の歴史を持つロイヤルファミ

世界の王室マップ

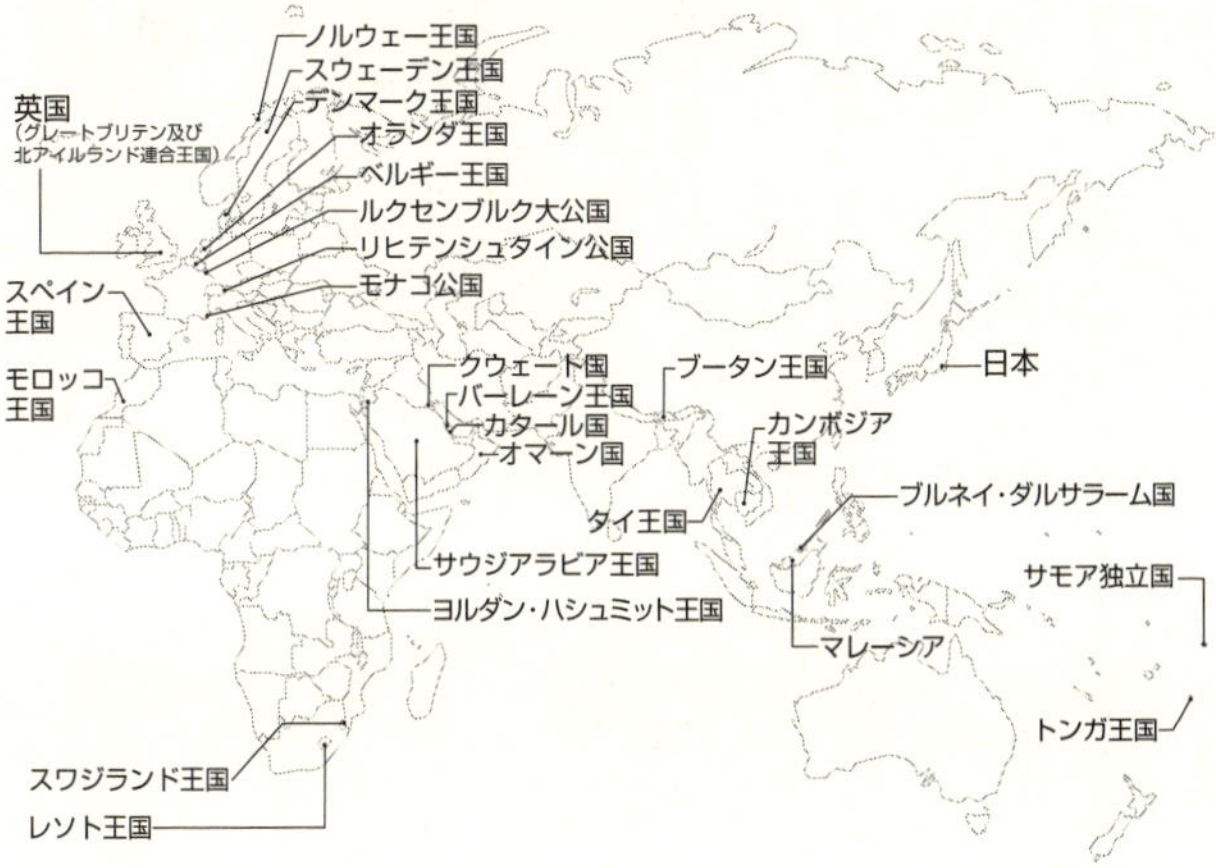

リーなのだ。

さらに他国の王室は内紛、下剋上、国の壊滅、もしくは市民による革命などによって王の血統は幾度も入れ替わっている。それに対して天皇家は一つの血筋を守ってきたとされる。なぜ天皇家は滅ぼされることなく続いているのか。その理由は諸説紛々としているが、島国のため他国の侵略を受けなかったことが大きいという。それに天皇はただの君主としてではなくシャーマニズムの王として君臨し、盤石な地盤を築いていたことも理由になるのかもしれない。

この歴史の長さから、天皇はキングではなく「エンペラー」と呼ばれる。世界で唯一の人である。

Q5 「万世一系」とは何か？

皇室について、「万世一系《ばんせいいっけい》」という言葉で表されることがある。これは、途絶えることなく一つの家系が未来に向かって続くことを意味する。つまり、古代より綿々と続いたとされる皇室そのものを指す言葉だ。この言葉は明治の政治家であり王政復古運動の中心的人物だった岩倉具視《いわくらともみ》がつくった、といわれている。

明治に制定された大日本帝国憲法にも「大日本帝国ハ万世一系ノ天皇之ヲ統治ス」という言葉が見られ、明治時代にはすでに皇室＝「万世一系」が浸透していたと思われる。皇室が一つの血筋で続かなければならない、と定めているのは皇室に関する法律をまとめた「皇室典範」だ。明治につくられた旧皇室典範では「皇祚《こうそ》は一系にして分裂すべからず」と記載された。戦後につくられた皇室典範からは万世一系という言葉は消されたが、第一章に「皇位は、皇統に属する男系の男子が、これを継承する」と記され、次代の天皇の位を引き継ぐのは天皇直系の男子であり血統を守ることが前提とされている。

皇室典範がつくられ施行されたのは明治時代以降のこと。しかしこれまでの歴史を見てみれば、皇室典範では認められていないはずの女性天皇も数多く存在する（Q37）。これまでの日本の歴史をひも解いてみると8名の女性天皇が実際に即位した記録が残されている。さらに現在の皇室典範では二つの王朝、二人の天皇は認められていないが、かつて56年もの間、二人の天皇が並び立った時代もあった（Q52）。足利氏が支配する室町幕府が立てた光明《こうみょう》天皇と、吉野に逃れて室町幕府に対抗した後醍醐天皇に分かれた「南北朝時代」である。これ以外にも天皇の位を争って兄弟、親戚同士で戦いになった歴史も数多い。天皇家も安穏と血筋を受け継いで来たわけではないために「万世一系」を疑問視する声も多い。

神代の時代はともかくとして、本当に神武天皇が存在したのか、それ以降一度も途切れることなく皇室の血が続いて来ているのか、実際に1500年近く続いているのか……という点が「万世一系」否定派の意見である。しかし、前述（Q4）したとおり記録に残るだけでも世界指折りの長さを誇る血筋であり、だからこそ、それを守り続けようというのが「万世一系」肯定派の思いである。

しかし男系しか跡を継げないとされる皇室典範については、議論が紛糾している。伝統を守り男系で万世一系を続けるとする主張、これからの時代には女性天皇をという主張。歴史が長いだけにその議論はすぐに決着を付けることは難しいといわれている。

Q6 天皇の退位は珍しいのか？

平成28年（2016）、今上天皇が生前退位の意向を示唆するビデオメッセージを発表され、日本だけでなく世界でも話題になった。しかしこの「天皇の退位」、これまでの歴史からすればじつはそれほど驚くべきことでもないのだ。

歴史を見てみれば、多くの天皇が退位し皇太子に生前譲位している。最初に退位した天皇は、乙巳《いっし》の変（大化の改新）後、弟に位を譲った女性天皇、35代皇極《こうぎょく》天皇である。その後も皇太子や兄弟に位を譲り退位をした天皇は60名近く存在する。そのまま退位し出家することもあれば、退位後に上皇や法皇となり幼い皇太子の摂政を務める「院政」を行うこともあった（Q46）。この考えが変わったのは、明治につくられた皇室典範からである。

皇室典範第4条に「天皇が崩じたときは、皇嗣が、直《ただ》ちに即位する」と天皇の崩御を前提に書かれており、天皇が自ら退位もしくは譲位を行うための規定がない。ただし同じく皇室典範の16条には「天皇が、精神若《も》しくは身体の重患又は重大な事故により、国事に関する行為をみずからすることができないときは、皇室会議の議により、摂政を置く」とも記載されており、天皇の名を持ったまま、仕事だけ摂政に任せることは認められている。ただし天皇の摂政となれるのは皇族だけだ。これを利用して、かつて大正天皇が体調を崩された時には息子である昭和天皇が摂政となって執務を代行したことがあった。

しかし今上天皇がこのたび望まれているのは完全に譲位されるということである。皇室典範には前例のないことであり、だからこそ慎重な検討が何度も繰り返されてきた。なぜ今、退位を望まれたのか。それは恐らく仕事の多さだろう。Q1にもあるとおり、天皇の仕事は数多い式典への出席、さらに膨大な量の書類に目を通すなどの事務作業も多い。特に昔に比べると他国との繋がりは深くなり、様々な国との国交も増えた。さらに公務ではないものの前述（Q2）したとおり祭祀を中心とした宮中行事も多い。一年を通して主要な祭祀は24あり、それは天皇を中心に執り行われている。

天皇が外に出て庶民に姿を見せる巡行「行幸《ぎょうこう》」についても、明治以降増え、平成に入ると年間100件を超えるようになってきた。また、災害時に被災地へ足を運ぶことも今上天皇からはじまった。今上天皇のお年は平成30年（2018）で85歳。幾度かの入院も経験され天皇としての公務をこなすことが厳しくなったこと、また昭和天皇が崩御された直後にご自身が即位をされた時の多忙さを繰り返さない、という親心もあるのかもしれない。

Q7 どこまでが皇族なのか？

皇族に含まれる範囲は、皇后、太皇太后《たいこうたいごう》、皇太后、親王、親王妃、内親王、王、王妃、女王までと皇室典範の第5条において定められている。皇后とは天皇の妻のこと、太皇太后は祖母、皇太后は母親。親王、新王妃は息子、そしてその妻にあたる。内親王は娘にあたり、少し聞き慣れない王、王妃及び女王とは三親等以上離れた直系の皇族のことだ。男子は王、その妻は王妃、娘は女王と呼ばれる。基本は皇族に生まれた人間だけが皇族を名乗れるが、民間の女性が天皇陛下に嫁いで皇后になる場合、もしくは皇族の男子と婚姻する女性は、あらたに皇族の身分を取得することができる。なお皇族には天皇は含まれず、天皇を含む場合の呼び方は「皇室」である。

今上天皇が退位されて皇太子が即位した場合、現状では次の皇太子は存在しなくなる。弟宮である秋篠宮《あきしののみや》家の文仁《ふみひと》親王殿下に皇位の継承権はあるが皇太子ではないため、皇太子殿下と呼ばれることはない。そのため呼び名はまだ確定ではないものの「秋篠宮皇嗣《こうし》殿下」での最終調整に入っているそうだ。

Q8 なぜ皇室には姓がないのか？

日本人はそれぞれ名字を持ち、戸籍として登録、管理されている。しかしそんな姓を持つことのない一族がある。それが皇室だ。皇室は「天皇陛下」や「皇后」、「殿下」、もしくは名前に敬称を付けて呼ばれ、名字を持つことがない。その理由について明確なことはわからないそうだ。ただ、古代日本では天皇が有力な豪族に氏《うじ》や姓《かばね》を与える「氏姓制度」という制度があり、かつて姓とは下賜されるものだったという。そして天皇をはじめ皇室は王朝が交代することなく今まで続いて来た。そのため天皇は日本で唯一の存在であり、姓を付ける必要が無かった。これらのことが、皇室に姓のない理由だとされている。

ただし皇族の中には分家としてわかれ、「宮号」を与えられた家もある。宮家は姓のかわりに○○宮という呼び名で呼ばれる。なかでも天皇の兄弟や子で構成された宮家は直宮家と呼ばれ、戦前は11宮家あったものの、現在は4宮家のみが残された。なお、姓だけではなく皇族は通常の戸籍に載せられることもない。皇族の戸籍は皇統譜と呼ばれる典籍によってまとめられている。

Q9 皇室にも納税の義務がある?

「国民は、法律の定めるところにより、納税の義務を負う」これは憲法の条文だ。天皇はどうかといえば、じつは皇室にも納税の義務はある。皇室は千代田区に納税者として記載があるため、都民税・区民税の支払い対象者なのだ。さらに金銭の相続を受ける場合は相続税もかかることになる。ただし皇居などの邸宅は国の所有物であり相続税はかからない。

税金を払うということは、収入もあるということだ。皇室の収入源は何かといえば、主に国から払われる「皇室関連予算」である。これは宮内庁の運営にかかわる「宮内庁費」、皇族が使用する費用「皇室費」の二つに分けられる。皇室の収入ともいえる皇室費はさらに「内廷《ないてい》費」「皇族費」「宮廷費」に分けることができる。内廷費は天皇家が日常で使う費用全般をさし、平成30年度は3億2400万円である。食費、被服費などの生活にかかわる費用だけでなく、宮中祭祀にかかる費用や災害時の見舞金などもここから支払われる。

そして皇族費は天皇家以外の皇族が「皇族としての品位保持の資に充てるため」に使用される予算であり、各宮家に配分される予算のこと。内廷費、皇族費は「御手元金」と呼

平成30年度における皇室費（内廷費・皇族費・宮廷費）の内訳

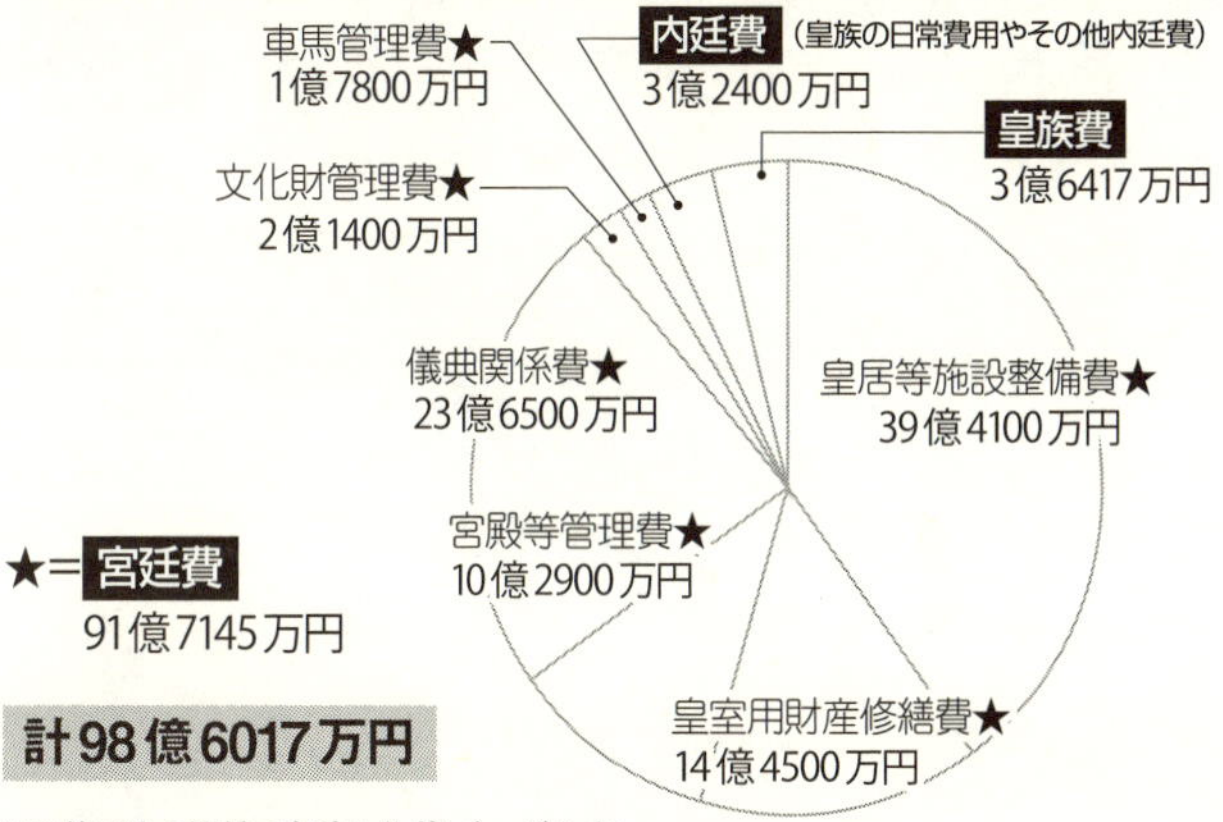

※四捨五入の関係で合計は必ずしも一致しない
宮内庁公式サイト「宮廷費の内訳」「宮内庁関係予算額」より

ばれ、宮内庁の経理を通さず天皇や皇族が比較的自由に使用できる金銭となる。

先の二つと異なり、皇族の公的活動費にあたる宮廷費は宮内庁によって管理される。宮廷費で支払われるものは、晩餐会、園遊会といった接待にかかる経費から、皇居の設備を整える費用まで幅広く使用される。宮廷費に関しては平成29年度は約56億7892万円だったが、平成30年度は、天皇の退位などに向けた準備のため91億7145万円と、前年比約62％増である。

皇族の収入源は以上となり、内廷費、皇族費、官廷費には税金が課されない。またいずれの費用も国会の予算決議を通って毎年金額が決定される。

Q10 宮内庁はどんな仕事をしているのか?

宮内庁とは、内閣総理大臣の管轄下で皇室の後方事務を担う部署のことだ。宮中行事や親善行事などの準備、皇族の警護や生活の補助などだけでなく、皇室の文化を守る仕事も請け負っている。歴史は古く、701年頃には類似する組織がつくられていたそうだ。戦前には今の宮内庁の前身となる「宮内省」がつくられ、戦後は内閣府の管轄「宮内庁」となった。かつては名家の子息、子女が勤めていたが、最近は部署によっては国家公務員採用試験に合格すれば民間でも就職は可能となっている。職員の数も戦前は6000名以上在籍していたが、戦後、宮家が解体されてからは激減。現在は1000名ほどの職員が勤務し、非常勤についてはは不定期に募集がかけられている。

そんな宮内庁の仕事は前述のとおり、皇室にかかわるすべてのことだ。総務や秘書課など、民間会社と変わらない部署もあるが、天皇、皇后などに仕えて世話をする侍従《じじゅう》職や、皇太子一家の世話をする東宮《とうぐう》職、天皇の側に付き従って私的な世話をする内舎人《うどねり》と呼ばれる職、皇室の儀式や皇室関係の史書を管理する部署、皇居内の馬の世話をする部署など、

宮内庁組織図（平成30年4月1日現在）

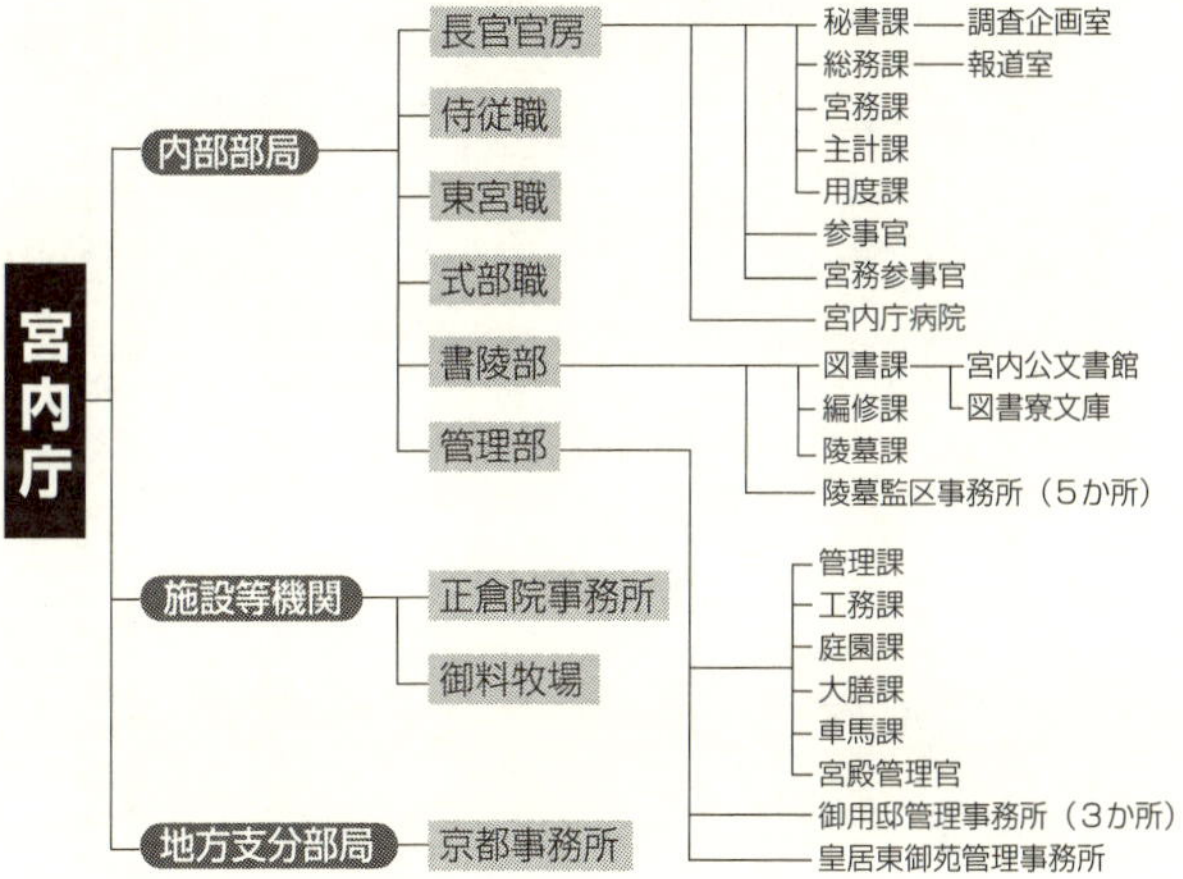

民間ではまずお目にかからない部署も多い。なお、ドラマにもなった「天皇の料理番」は宮内庁管理部大膳《だいぜん》課が舞台。実在する部署で、皇室の料理を担当する部署である。

数多い部署の中でも一風変わっているのが、天皇の私的な使用人という位置づけの「掌典《しょうてん》職」だろう。彼らは天皇家の祭祀を司る専門職であり、職員の給与は天皇の生活費というべき内廷費から支払われている。

このように皇室を守るための部署が揃う宮内庁だが、決して皇族の使い走りというわけではない。天皇や皇族に対して意見をすることも可能であり、宮内庁の中には天皇の相談役でもある「宮内庁参与」も存在している。

Q11 世界最長の墓は日本の古墳？

天皇や皇后の陵墓は神武天皇から昭和天皇まで全国で８００基以上存在している。場所は1都2府30県、大半が奈良、京都、大阪に固まっているのは長く都が置かれた影響だろう。東京にある天皇陵は大正天皇と昭和天皇のみ。他は源平合戦の折に壇ノ浦に沈んだ81代安徳《あんとく》天皇の墓所が山口にあるのと、讃岐《さぬき》に流されて亡くなった75代崇徳《すとく》天皇の墓所が香川につくられるなど、都の置かれた場所以外にも全国に多く点在している。

古い墓の形状といえば、円墳や前方後円墳などの古墳である。そもそも日本は古墳大国で、国内におよそ16万基の古墳があるといわれている。古墳は土を盛り上げてつくられており、遥か古代には豪族などの陵墓としても築かれていた。もちろん天皇の陵墓も多く、それは天皇陵と呼ばれ、宮内庁によって管理されている。

中でも日本最大級のものは大阪の堺市にある「大仙陵古墳」。全長４８６メートルになる前方後円墳だ。長い歴史を持つ墓なので、それが本当に天皇陵墓なのか、本当に中に埋葬されているのかどうか疑問視する声もあるが、ここに葬られているのは第16代天皇であ

全長約486mの仁徳天皇陵古墳。5世紀中頃につくられたとされる

る仁徳《にんとく》天皇である、と宮内庁によって正式に発表されている。仁徳天皇は民衆を思い、治水などを積極的に行うなど仁の厚い名君だったと記録が残っている。なお、二番目に大きな天皇陵は、同じく大阪の羽曳野《はびきの》にある応神《おうじん》天皇陵（誉田御廟山《ごんだごびょうやま》古墳）。全長425メートルにもなり、使用した土の量は仁徳天皇陵を上回るという。

いずれにせよ、古墳ほどの規模を持つ墓は世界でも類を見ないほどだ。クフ王のピラミッドや秦の始皇帝陵と仁徳天皇陵を見比べてみると、体積や高さでは負けているものの全長は仁徳天皇陵が勝っている。つまり仁徳天皇陵こそ、世界最長の墓といえるのだ。

Q12 「皇室典範」には何が書かれている？

皇室関連のニュースなどでよく耳にする「皇室典範」。これは皇室に関する法律であり、現在の皇室典範は日本国憲法に基づいている。

というのも皇室典範には前身があった。それは明治22年（1889）、大日本帝国憲法策定時につくられた旧皇室典範である。明治に入り日本は西欧列強に負けない近代国家を目指すようになった。そこで憲法制定が決まり、同時に皇室の法律も定めることとなった。この時、旧皇室典範は明治天皇臨席のもと、大日本帝国憲法とは別につくられたのである。とはいえ大日本帝国憲法の本文も第1章は天皇に関する内容でまとまっている。「大日本帝国は万世一系の天皇が統治する」、「皇室男子が皇位を継続する」と皇位継承にかかわる条文が定められ、それ以降は天皇が国の元首であることなど、天皇の主権に関することが第17条まで続いている。では旧皇室典範に何が書かれていたかというと、即位や敬称について、どこまでを皇族とするかなど、皇室についての詳細が12章にわたってまとめられた。ただしこれは天皇の諮問機関でもある枢密院と明治天皇自身によって決められ、当時の帝国議会も口を出せなかったという。

この他にも「皇室令」と呼ばれる、皇室の婚姻や華族についての規則をまとめた法律も発令された。しかし時が経って戦後、日本の憲法は大きく変わることとなる。大日本帝国憲法は破棄され、日本国憲法がつくり直されることになったのだ。この際、皇室典範は大日本帝国憲法とともに一度無くなり、前述した皇室令も廃止された。一度すべてを無くした上で、新しい皇室典範が策定されることとなる。

そこで生み出されたのが現在の皇室典範だ。新皇室典範はいくつか内容を変え、旧皇室典範と比べるとボリュームが少ない全5章37条でまとめられた。前述のとおり戦前までは憲法と皇室典範は全く別の法律として分かれて存在していたが、新皇室典範は日本国憲法の下に置かれることとなり、内容について国会が関与できるようになったことが新旧の大きな違いである。

なお皇室典範には生前退位について記載がないため、このたびの生前退位では急遽「天皇の退位等に関する皇室典範特例法」が発表された。あくまでも特例であるため、この法が適用されるのは今回のみとされている。しかしこれを特例ではなく皇室典範に盛り込めないかどうか、いまだ議論の最中にあるようだ。

Q13 御所や離宮は今何に使われている？

京都御苑と呼ばれる広大な公園が京都市に存在する。東西約700メートル、南北約1300メートルにもなる公園は市民の憩いのスポットだ。御苑のほぼ真ん中にあるのが京都御所。京都に政治の中心があった時代から千年の間、天皇が暮らしていた邸宅である。

御苑は御用地と呼ばれ、江戸時代には宮家や公家の邸宅が立ち並んでいた。明治に入り天皇が東京へ移った際、建物は取りつぶされて公園となり市民に開放された。今でも京都御苑にはかつて天皇が暮らしていた御所、皇后が暮らしていた大宮御所が残され、上皇の住居である仙洞《せんとう》御所も茶室と庭園が残されている。現在の御所の建物は江戸時代につくられたものではあるが、平安京時代を忠実に再現したもので、天皇が実際に寝起きしていた清涼殿《せいりょうでん》や、儀式に使われた紫宸殿《ししんでん》などを見ることができる。以前は事前予約、期間限定の公開だったが、平成28年（2016）より一般公開がはじまり、多くの観光客が足を運んでいる。ただし大宮御所に限っては天皇皇后両陛下、皇太子ご夫婦が京都に行幸された際に宿泊所として利用されているため、公開はされていない。

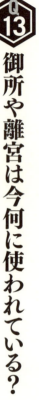

京都御所の紫宸殿。写真右の木が左近の桜、左の木が右近の橘である

　長く政権の置かれた京都にはまだまだ皇室ゆかりの地がある。特に有名なのが庭園、桂離宮《かつらりきゅう》だ。書院造の建物の隣には広大な庭園が広がり、茶室が点在する。戦国時代に桂宮家を立ち上げた智仁《としひと》親王によってつくられたこの庭園は、事前予約が必要なものの無償で公開されている。

　また皇族にゆかりのある建物といえば、御用邸もそれにあたるだろう。皇族の別邸でもある御用邸は、かつては全国にあり広大な規模を誇っていた。今では縮小され、現存しているのは那須、葉山、須崎の三つのみ。今でも季節ごと、ニュースなどで皇室の方々が御用邸に入られる様子が取りあげられている。

Q14 皇室は財産が持てない？

貯蓄や資産を貯めて将来に備える。誰でも考えることだが、はたして天皇はこのように財産を持つことはできるのだろうか。じつは戦前まではそれが可能だった。戦前、皇室は「御料《ごりょう》」と呼ばれる財産を保有しており、その費用は当時の国家予算の7％にあたるほどだったという。しかし戦後、ＧＨＱによる財閥解体によってほとんどの財産が徴収対象に。それ以後、皇室の財産は日本国憲法により「国に属する」ことが決定。皇室にかかる費用は国会の議決を経ることとなった。さらに御用邸、陵墓、京都御所などの土地も、皇室ではなく国が管轄することとなった。ただし三種の神器などの御由緒物は皇室に代々伝わる皇室固有の財産であり、重要文化財や国宝に指定されることはない。

それでは皇族は私有財産を持てないのかといえばそうでもなく、皇室の生活費である内廷費を預金や運用に回すことは自由だ。実際、昭和天皇はそのような運用で崩御時にはおよそ20億円の資産を有していた。今上天皇は4億円超の相続税を納めた後に相続されたが、大半を赤十字などへの寄付とされたため具体的な相続額は不明とされる。

Q15 皇室にはどんな宝物があるのか？

皇室が受け継いできた宝物を「御物《ぎょぶつ》」という。それらいくつかの御物は国に寄贈され、美術館で実際に見ることができる。なかでも有名なのが皇居の敷地内につくられた三の丸尚蔵館だろう。設立は平成5年（1993）。今上天皇の希望で昭和天皇の御物約6000点が寄贈された。現在は宮宅や香淳皇后の遺品なども収蔵され、そのコレクション数は1万点を超えている。所蔵されているのは狩野永徳《かのうえいとく》の「唐獅子図屏風」、伊藤若冲《いとうじゃくちゅう》の「動植綵《どうしょくさい》絵《え》」、鎌倉時代に書かれた藤原定家《ふじわらのていか》の『更級日記』、明治の彫刻家高村光雲《たかむらこううん》による彫り物など、絵画、書、彫刻品まで幅広い。

さらに皇室の宝を所蔵するのは三の丸尚蔵館ばかりでなく、奈良県にも皇室の御物を1200年間守り続ける「正倉院」が存在する。元々、光明《こうみょう》皇后が夫である45代聖武天皇の遺物を保管するために預けたのがはじまりとされ、今でも皇室ゆかりの品々が保存されている。これらの価値からユネスコの世界遺産にも登録された。なお正倉院の御物は年に一度、秋の「正倉院展」で一般に公開される。

天皇の称号ミステリー

明治時代に3名が天皇復権を果たした理由

明治3年（1870）、明治天皇により3名の人物に「追号（諡号）」が授けられた。この3名とは存命中は天皇と認められず、天皇として葬られなかった天皇のことである。彼らは、数百〜千年もの時を越え、明治に入ってはじめて天皇として復権したのだ。

一人目は壬申の乱で叔父と戦い敗れた弘文《こうぶん》天皇（大友皇子）。先の天皇である天智天皇の第一皇子でありながら、叔父の大海人《おおあまの》皇子（後の天武天皇）との政権争いに敗れ、自害の憂き目にあった。即位していたかどうかは定かではない。二人目は天武天皇の孫、淳仁《じゅんにん》天皇。彼は摂関家である藤原氏のバックアップを受けて即位するものの、先の上皇に疎まれて廃位を迫られ淡路島に流され病死（他殺の説もあり）した。三人目は祖父の後鳥羽《ごとば》上皇が乱を起こし、わずか4歳で位を受け継ぐも、祖父が乱で敗れたことからすぐさま退位させられ、若くして亡くなった仲恭《ちゅうきょう》天皇。

この3名はいずれも死後すぐは天皇としての諡号を与えられなかったが、明治になってはじめて諡号を贈られたのである。この時代はちょうど万世一系の言葉とともに、天皇を中心とした国づくりが進められていた時だ。天皇家の血は途切れずに続いていると、国民に知らしめる必要があった。そこで、争いや政治戦争に巻き込まれて天皇として名の残せなかった祖先を祀ることで、その血筋を広く繋げたのである。3名の天皇復権の裏には「万世一系を守る」という明治政府の思惑が見え隠れする。

2章
『古事記』と『日本書紀』に見る天皇

Q16 天皇家のルーツとは？

日本の有史時代を振り返る時、不思議なことにいつも天皇の存在がある。一体、いつから天皇家は存続してきたというのだろう？

神話をひも解くならば、その歴史は天孫降臨神話にまでさかのぼる。記紀《きき》（『古事記』と『日本書紀』）では、日本を創造した夫婦の神、イザナギノミコトとイザナミノミコトが生んだ三貴子のうちの一神、アマテラスを皇室の祖とする。アマテラスがオオクニヌシから譲り受けた日本を治めるために孫の一人、ニニギを遣わし、そのひ孫であるカムヤマトイワレビコが初代天皇の神武《じんむ》天皇（Q21）となった。ニニギから孫のウガヤフキアエズまでを、ニニギが降りた日向の地にちなんで日向三代ともいう。

神武天皇は、生まれ育った日向から、東へ「東征」の旅に出て、畿内で現地の豪族たちとの争いを制して天下を治めた。現在の奈良にある橿原《かしはら》に宮殿をつくり、ヤマト政権を興して最初の天皇として君臨した。そして、その神武天皇からの血筋が皇族には流れている、というストーリーだ。もちろんこれは神話上の話。天下が統一される前に各地を治めてい

アマテラスの系図

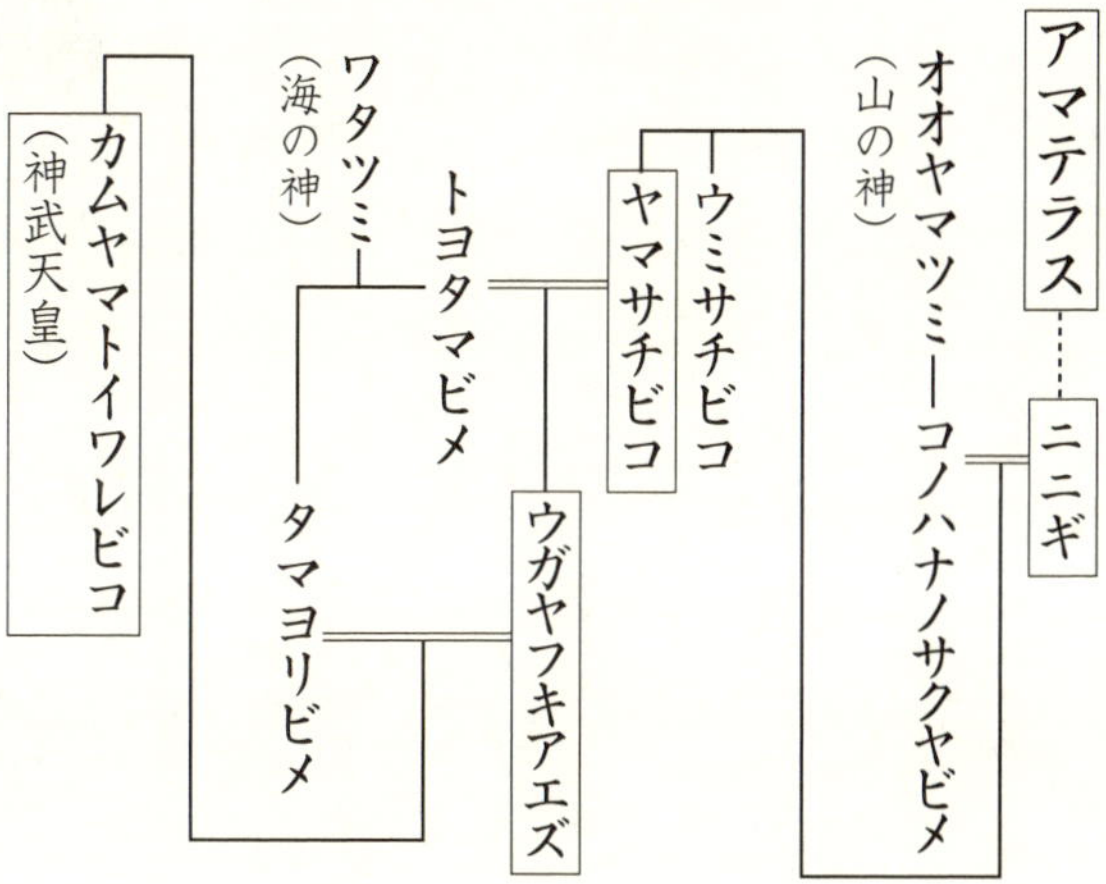

＊□は直系の継承者

た豪族たちを大和の勢力が何らかの形で束ねたことは間違いないだろうが、神話がそのまま史実だと考えられているわけではない。史実上では、現在の皇室の血筋を辿ることができるのは6～7世紀頃、飛鳥時代の29代欽明《きんめい》天皇や奈良時代の40代天武《てんむ》天皇の頃と推測される。確実に実在したとされる天皇は仁徳《にんとく》天皇で在位は4世紀頃となる（Q30）。神武天皇の後で最初に実在の可能性が出てくるのは、10代崇神《すじん》天皇（Q25）で、3世紀から4世紀頃に実在したとの見方もある。神話的性質の強い神武天皇に対して、この崇神天皇こそ実質的に日本を統一し、王権を創始した〝初代天皇〟ではないかと考える研究者も多いのだという。

Q17 天皇家と伊勢神宮の関係とは？

三重県伊勢市にある伊勢神宮は正式には「神宮」と称される、アマテラスを祀る神社の総本社である。アマテラスが皇室の祖先＝皇祖神であるため、伊勢神宮は天皇家と強い結びつきを保ってきた。元々は、皇室しか参拝することができず、皇室以外の一般人が参拝できるようになったのは中世になってからだ。

記紀において皇室の歴史をさかのぼると、アマテラスが日本統治のために遣わしたニニギに辿りつくことは前項（Q16）でも述べたが、ここで重要なのは、神であるアマテラスがニニギに日本を治めることを許可したということだ。アマテラスはニニギに日本を治める許可の証として、八尺瓊勾玉《やさかにのまがたま》・八咫鏡《やたのかがみ》・草薙剣《くさなぎのつるぎ》の三種の神器（Q73）を授けたという。また、ニニギが治める国が永遠であるようにという祝福の言葉も下した。このように、神から授かった権威をもって、ニニギノミコトの子孫である天皇の血筋が代々日本を治める根拠としたというわけだ。だからこそ、歴代の天皇は、皇女を伊勢の斎宮《さいくう》（斎王《さいおう》）にして奉仕させるなどして、氏神であるアマテラスを代々大切に祀ってきたのである。斎宮は南

斎宮寮の10分の1復元模型。斎宮寮は、斎宮に仕えるために置かれた臨時の役所である（いつきのみや歴史体験館提供）

北朝時代に廃止されているが、現在も神宮の祭主は女性の元皇族が務めることとされている。

　皇祖神アマテラスが女神であるのは記紀が編纂された7〜9世紀に女帝が多く君臨したからではないかとの説がある。古代日本では祭祀と政治を同じくする「祭政一致」の制度が取られており、神に仕える巫女は高い地位にあった。その最たる存在が女性天皇であるならば、そうした女性たちをモデルとして最高神を想像したとしても不思議ではない。神宮の社殿を20年ごとにつくり変える式年遷宮をはじめた41代持統《じとう》天皇も、そんなアマテラスのモデルではないかとされる女性の一人である。

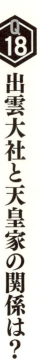

Q18 出雲大社と天皇家の関係は？

出雲大社の歴史は古い。『古事記』では、オオクニヌシがアマテラスに与えられた巨大な神殿を出雲大社の起源としている。『日本書紀』には659年、37代斉明《さいめい》天皇が出雲大社造立の命を下したとある。現在の本殿は延享《えんきょう》元年（1744）に建てられたもので、平安時代には今より巨大な空中神殿があったともいわれる。平成12年（2000）、出雲大社で巨大な柱の遺跡が発掘され、古代に巨大神殿があった可能性が高くなったという。前述のとおり古代日本は「祭政一致」の国。出雲の地にそんな巨大神殿があったなら、そこに大規模な勢力があったかもしれないが、それがどんな勢力だったかは明らかではない。

出雲大社が祀る神はオオクニヌシという。祖先は、高天原《たかまがはら》を追放されて出雲の地に降り立った、アマテラスの弟スサノオだ。スサノオは八岐大蛇《やまたのおろち》を退治して出雲に稲作文化をもたらした。その子孫のオオクニヌシも、農業や医学に通じる優れた神として『古事記』に描かれている。有名な「因幡の素兎《しろうさぎ》」神話でも主人公のオオクニヌシは出雲地方に豊かな国をつくった。だが、アマテラスはそれを譲るようにと命じ、オオクニヌシが承諾しない

出雲大社のしめ縄は一般的な神社とは反対に向かって左を上位、右を下位とするため、縄をしめる向きも通常とは逆である

でいると武勇に優れた神タケミカヅチを遣わした。オオクニヌシはついに折れ、国を譲る代わりに巨大な神殿を受け取った。これが『古事記』に残る国譲り神話である。

国を譲るというと聞こえがいいが、アマテラスが大和の勢力を象徴していたとするならば、大和vs出雲という勢力図も読み取れる。大和が日本各地の豪族たちを束ねて日本を統一したのは3〜4世紀頃。その過程は容易ではなかったはずだ。激しい争いがあったのか、はたまた交渉の努力の末に協力し合ったのか、それがわかる発掘や発見はない。ただそこに語り継ぎたい何かがあったからこそ、国譲り神話が生まれたのだろう。

Q19 『古事記』と『日本書紀』の違いは？

『古事記』と『日本書紀』は日本の成り立ちについて書かれた歴史書である。編纂されたのはどちらも7〜8世紀頃。両書の編纂を求めたのは7世紀末の40代天武《てんむ》天皇とされる。

『古事記』の編纂は、天皇家の記録『帝紀』と天皇家や豪族の伝承を伝える『旧辞《きゅうじ》』を正確にまとめる目的からはじまったという。日本語風の漢文体で書かれ、内容は神話や各地の古い伝承が多数含まれている。一方、『日本書紀』は海外にも通用する日本の正史としての意図が強い。内容はほぼ『古事記』と共通するが神話は少なく、天皇の歴史が中心。『古事記』とは違い、中国の歴史書に倣った漢文で記されている。約40年かけてまとめられ、養老《ようろう》4年（720）に44代元正《げんしょう》天皇に献上された。これらの違いから、『古事記』は日本最古の歴史書、『日本書紀』は外国向けの最古の正史という位置付けがされている。

大国・中国に比べて統一して間もなかった日本が、自分たちの存在を確立しようとしたことが記紀編纂の背景の一つ。国号を「倭」から「日本」＝太陽が昇る場所というポジティブなものにしたり、君主の呼び方を「大王」から「天皇」にしたのもこの時代からだ。

Q20 『古事記』は誰のためにつくられた？

681年前後にはじまった『古事記』の編纂事業だが、天武天皇死去の際にいったんストップしてしまったという。再び動き出すのは30年後、43代元明《げんめい》天皇の時代で、和銅5年（712）に完成した。ボリュームはそれぞれ400字詰め原稿用紙で50枚ほど。編纂したのは稗田《ひえだの》阿礼《あれ》と太安《おおのやす》万侶《まろ》のたった二人。『日本書紀』に比べるとこぢんまりしたものだった。そんな背景から、『古事記』は国家的事業ではなかったのではと推測されている。

内容も独特だ。『日本書紀』と比べて神話の記述が多く、神代の物語や各地の神話が延々と続く。まるで、日本が統治されるまでに神代から苦労してきたのだ……と切々と訴えるかのよう。表記法にも特徴がある。当時、日本人はまだ独自の文字を持っておらず、太安万侶は外国語である漢文と、日本語の音を生かすために漢字を表音文字として使った表記とを混ぜたのだ。この工夫のおかげで『日本書紀』と比べると日本語らしい表現が随所に見られるという。これらのことから、天皇家は『古事記』を外国向けではなく日本国内に向けて編纂し、天皇中心の歴史観を広めようとしたのではとも考えられる。

Q21 建国記念日は『日本書紀』から決められた？

世界では建国日が史実でわかる国も多いが、日本では定かでないので神話に建国日を求めた。明治6年（1873）、『日本書紀』の神武天皇の即位年月、紀元前660年1月1日（旧暦）を建国日と定め、新暦に換算した2月11日が建国記念の日とされた。

残念ながら、史実としての建国日というわけではない。神話によると、神武天皇は生まれ育った九州の日向の地から大和へ「東征」し、アマテラスから授かった神剣や八咫烏《やたがらす》の助けを借りて各地の荒ぶる神たちを平定、ヤマト政権を築いたとされる。しかし、紀元前660年というと弥生時代である。この年代にはまだ、日本のどこにも強力な国家は成立していなかったことが発掘調査で明らかにされている。

ならば、いかにも架空の要素たっぷりの神武天皇神話はなぜ生まれたのか？　それに答える説の一つに、天武天皇による権威付け説がある。記紀が編纂される前の672年に起きた壬申の乱で国は大きく混乱した。そんな中、勝利者であった天武天皇が、記紀において、天皇家の権威を保つために壮大な物語を盛り込んだのではないかと見られている。

Q22 八咫烏はなぜ3本足なのか？

日本神話の中では古典的英雄ポジションを担当する神武天皇であるが、彼の東征の道のりにはファンタジー小説のようなモンスター神たちも登場する。その中でもアマテラスの化身とされる八咫烏という神は、九州を出発した神武天皇を大和の橿原《かしはら》まで案内したといい、その役割によって篤い信仰を持つ。八咫烏を祀る神社は熊野本宮大社や熊野那智《なち》大社、奈良県の八咫烏神社、兵庫県の弓弦羽《ゆづるは》神社などいくつもある。その姿について具体的な記述はないのだが、なぜか三本足で描かれることが多い。一つの説として、中国や朝鮮の伝承に描かれていた、太陽の象徴である三足烏《さんそくう》の影響があるという。烏を神の使いとする伝承は、マヤやギリシャ、ハンガリー、東南アジア諸国など世界各地にも見られる。ちなみに体が太陽、三本の足はそれぞれ天、地、人を表しているのだとか。中国の陰陽思想では奇数は太陽を表す吉数であるので聖なる鳥に足を3本描いたのだともされる。

平安時代には、藤原成通《なりみち》が蹴鞠上達を願って熊野詣に通ったそう。今では「ボールをゴールに導くように」という願いを込めて日本サッカー協会のシンボルになっている。

Q23 系譜にしかない「欠史八代」とは？

神武天皇の後、9代開化《かいか》天皇までの八人の天皇は、記紀に系譜が描かれてはいるものの、寿命が現実的ではないなど不可解な点が多いため、神武天皇と同じく実在しないと考えられている。この八人の天皇を「欠史八代」と呼ぶ。『日本書紀』によれば神武天皇から開化天皇までは紀元前の在位としているが、史実ではこの期間、統一王朝があった可能性は否定されている。それが成立するのは3世紀頃、前方後円墳が各地に急速に広まったことが、畿内から九州にかけて豪族たちの政治的連合ができた証拠だとする見方が強い。その連合こそがヤマト政権であり、紀元前660年の神武即位は全くあり得ないことになる。神武天皇のエピソードが創作された可能性をQ21で述べたが、歴史は長い方がいいというわけで、神武時代を遥か昔に設定し、そこから10代崇神《すじん》天皇（Q25）までを繋いだのであろう。

一方、何らかの史実が反映されたという見解もある。初期のヤマト政権に存在した有力氏族の名前が反映されているのではないかとする考え方だ。葛城《かつらぎ》地方を拠点としていた大豪族の葛城氏や、欠史八代の皇后の名前から女系氏族の存在も示唆されている。

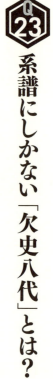

Q24 おとぎ話の「桃太郎」のモデルは皇族だった？

実在しないとされる欠史八代（Q23）にルーツを持つ人物がいる。7代孝霊《こうれい》天皇の皇子である吉備津彦《きびつひこ》、後に「桃太郎」のモデルとなった人物だ。

吉備津彦は、『日本書紀』においては日本各地を平定するため崇神天皇が派遣した「四道《しどう》将軍」のうちの一人。『古事記』においては、父の孝霊天皇に派遣されたと記されている。いずれにおいても山陽道の吉備国を平定したとされる人物だ。吉備は九州の筑紫、山陰の出雲などに並ぶ大勢力の一つだった。彼をはじめ四道将軍のエピソードには、大和が日本各地の有力豪族を征し、支配力を拡大していったことがうかがえる。

吉備津彦の神話は吉備国があった岡山県に伝えられていた温羅《うら》という鬼退治伝説と組み合わさって「桃太郎」の物語に発展していったという。吉備津神社に伝わる伝承では、犬《いぬ》飼健《かいたける》、楽々森彦《さささもりひこ》、留玉臣《とめたまおみ》という三人の家来が吉備津彦に付き従ったという。

この他にも神話はいくつかの昔話のモデルとなった。山幸彦《やまさちひこ》と海幸彦《うみさちひこ》の神話から「浦島太郎」、スクナビコナ神話は一寸法師など「小さ子」物語の〝元ネタ〟だといわれている。

Q25 ヤマト政権の初代大王とは？

紀元前660年、初代天皇の神武天皇がヤマト政権を興した。ただしこれは前述のとおり（Q21）あくまで伝説にすぎないと考えられている。史実では、神武の後、10代の崇神天皇がヤマト政権を創始したと推測されており、この崇神天皇こそ実在する最初の日本統一の王、ひいては最初の天皇であるとする説もある。『日本書紀』では崇神天皇の御世は紀元前となっているが、『古事記』では318年没（解釈により258年説も）とされていて、これを基にするなら3～4世紀にヤマト政権が誕生したころの大王こそ崇神天皇となる。

国を成した王には「ハックニシラス」（初国治らす）という諡号（国から贈られる称号）が付けられたのだが、この諡号が贈られた天皇は、初代の神武天皇と、崇神天皇だけ。神話的性質の強い神武の物語が天皇家の権威付けのための創作であるなら、この崇神こそ王権の実際の創始者である、というわけだ。さらに、名前に神が付く天皇も史上三人しかいない。先述の二人の天皇と、15代応神《おうじん》天皇（Q29）だ。応神天皇は架空の人物か、もしくは仁徳天皇との混同も見られることから、「神」と名の付く天皇は伝説的な存在という意味合

崇神天皇陵とされる行燈山古墳。4世紀前半に築造された前方後円墳である

いがありそうなのだとか。そうなると、崇神の実在可能性も怪しくなってくるが、とはいえ彼の逸話には、前項（Q24）で取り上げた吉備津彦の伝説など日本各地を征服したことがわかる重要なエピソードも多い。

また、崇神天皇がヤマト政権初代大王だとすると、もう一つのミステリーが浮かび上がる。邪馬台国の女王卑弥呼との関係の謎だ。邪馬台国が存在したのは2〜3世紀頃と推測されていて、崇神天皇の時代と重なってくるのだ。ここから、邪馬台国の後継＝ヤマト政権とする説や、邪馬台国を征服して王権を創始した説など、様々な解釈が試みられてきたが、未だに決着を見ていない。

Q26

『古事記』に書かれた「ものすごい」天皇とは？

神代の記述からはじまり、天皇の時代へと物語を紡いでいく『古事記』。神々のエピソードに突飛な所があるのはまだ理解できるとして、天皇のエピソードにも現代から見れば荒唐無稽なものがしばしば見受けられる。業績を強調する必要があったのだろうが、それにしても盛りすぎな、すごい天皇といえば誰だろうか。

見た目のすごさ部門1位は18代反正《はんぜい》天皇だろう。『古事記』によると身長は9尺2寸半、なんと約3メートルとなる。容姿端麗だったそうで、特に歯並びが美しかったとのこと。背の高いイケメンで笑えば歯が光るという定番描写は古代から存在したのだ。

長生き部門1位なら、10代崇神天皇。『日本書紀』では120歳、『古事記』では168歳というご長寿だった。崇神の子である11代垂仁《すいにん》天皇は『日本書紀』では140歳、『古事記』では153歳だったという。さらにその子である12代景行《けいこう》天皇は『日本書紀』では143歳、『古事記』では137歳。ずいぶん長生きな血筋だったようだ。ただし、当時は年齢の数え方が現在と違うため、数字どおりの年齢ではないとする見解もある。

血なまぐささ部門では、21代雄略《ゆうりゃく》天皇がすさまじい。まだ即位する前、在位中だった兄の20代安康《あんこう》天皇が暗殺された。雄略は皇位継承の候補者となる他の皇子たちが犯人ではと疑い、次々に殺していく。ある皇子は生き埋めにし、ある皇子はかくまった豪族の屋敷もろとも焼き殺した。またある皇子は、狩りへ行こうと偽っておびき出し矢で射殺した。こうしてライバルを皆殺しにすると、自らが即位したのだった。即位後も、『日本書紀』には残虐な逸話が多く、強権的な天皇だったようだ。

雄略天皇はワカタケルという名前も持ち、昭和53年（1978）には埼玉県の稲荷山古墳から出土した鉄剣に「獲加多支鹵大王」（ワカタケル大王）という文字が刻まれていたことが判明するなど、実在の可能性の高い天皇でもある。

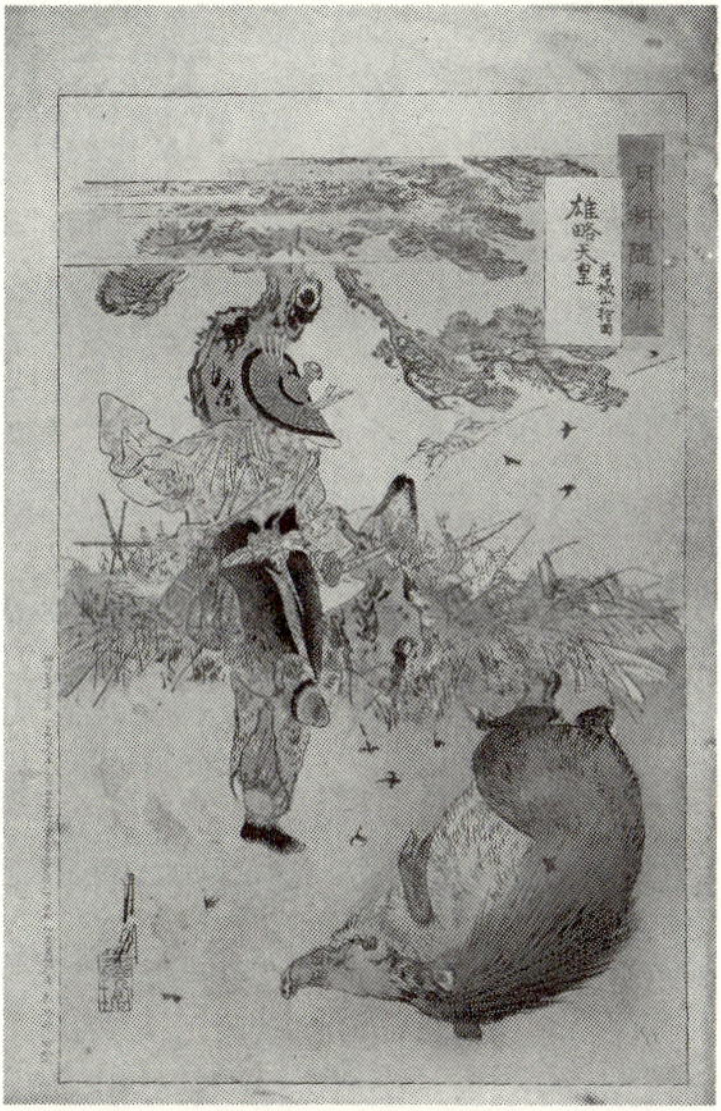

『古事記』では猪に襲われた雄略天皇が木の上に逃げるが、『日本書紀』では弓を射て蹴り殺す記述になっている（東京都立中央図書館特別文庫室蔵）

Q27 80人も子どもをつくった天皇とは？

記紀によれば、11代垂仁天皇の第3皇子である12代景行天皇は、13代成務《せいむ》天皇の母となるヤサカイリビメをはじめ、各地でたくさんの妃をめとり80人もの子どもをもうけたという。景行はその在位の間に九州の熊襲《くまそ》、土蜘蛛《つちぐも》、東国の蝦夷《えみし》といった各地の勢力を征したと伝えられる。たくさんの姻戚関係を結んだというエピソードは、こうした各地の勢力との結びつきを示しているともいえる。特に大和から東に関して、神武東征神話では九州から大和までの道のりだったのに対し、4世紀頃の在位とみられる景行は大和から東へも進出している。ヤマト政権の支配地域の拡大を反映しているのであろう。

さて、景行天皇と皇后イナビノオオイラツメとの間には五人の子が生まれた。その中の一人がヤマトタケルだ。ヤマトタケルは乱暴な所があり、父に疎まれてしまう。父の命令で九州のクマソタケル兄弟を討ちに行き、見事彼らを倒してヤマトタケルという名をもらった。大和に帰ると、父は無情にも再び遠征を命令する。『日本書紀』と『古事記』で細かいルートなどは異なるが、天叢雲剣《あめのむらくものつるぎ》（草薙《くさなぎ》剣）を携えて関東方面へ遠征。やがて、長い遠

火攻めにあったヤマトタケルは、天叢雲剣で草をなぎ払い火を付けて炎を退けた。そのため、剣の名が草薙剣に改められたという(『国史画帖 大和桜』より)

征生活を送った果てに伊吹山の神と戦って戦死。白鳥になって飛び去ったという。

『日本書紀』では淡々と父の命令をこなしていくヤマトタケルだが、『古事記』では、妃となったオトタチバナの悲劇や、父に疎まれたことを嘆くような姿も描かれる。大和へ帰ろうとする途中で詠んだ歌「倭《やまと》は国のまほろば　たたなづく青垣　山隠《やまごも》れる倭しうるはし」などの4つの歌は〝国偲び歌〟とも呼ばれる。切ない歌いぶりは現代の人々にも感動を与えるだろう。ヤマトタケルの物語には伝説的な要素が濃く、またその事績も一人で行うには多いので、活躍した複数の人物を一人に集約したとする説が一般的となっている。

Q 28

神功皇后は一人じゃなかった?

神功《じんぐう》皇后とは、14代仲哀《ちゅうあい》天皇の后であり15代応神《おうじん》天皇の母である。オキナガタラシヒメという名前もあり、後に26代継体《けいたい》天皇に繋がる息長《おきなが》氏の祖先であったことを表しているともいう。彼女の名が記紀に残ることとなったのは、三韓(新羅《しらぎ》・高句麗《こうくり》・百済《くだら》)征伐伝説の武勇によってであった。その物語によると、神功皇后に神が乗り移り、金銀にあふれた新羅を討つべきであるという内容の託宣《たくせん》を受け取った。この託宣を信じなかった仲哀天皇は急逝してしまった。残された神功皇后は妊娠中にもかかわらず新羅平定へ向かい、神がかり的にすごいスピードで軍船が進んだり、新羅に津波が押し寄せたりして、新羅を降伏させることに成功したという。その後、神功皇后は筑紫へ戻り、応神天皇を産んだ。

しかしこの伝承には具体的な戦闘や戦いの場所についての記述がないため、現在では史実ではないとみられている。神功皇后自体、応神天皇の神性を高める聖母として、複数の女性統治者をモデルに描かれたのではないかと考えられている。その一人は邪馬台国の女王卑弥呼。〝神がかり〟によって託宣を授かる所は巫女そのものだ。もう一人は、天武天

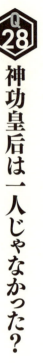

朝鮮にわたった神功皇后が新羅を下した場面。身重のまま渡海したという（『国史画帖 大和桜』より）

皇の死後、夫の悲願だった律令制を推し進めた妻である持統天皇。そしてもう一人は斉明天皇。斉明の時代に百済が唐と新羅に滅ぼされるという悲劇があり、斉明天皇は筑紫の朝倉宮で百済救済のための戦の準備をしたが、その途中で亡くなった。その後、中大兄皇子が送った日本からの軍は朝鮮半島に上陸し、白村江《はくそんこう》の戦いで唐と新羅の連合軍に大敗した。この史実が神功皇后の三韓征伐伝説に影響したとみられている。

九州北部は大陸の玄関口として、後世には元寇など争いの矢面に立たされた。そうした地理的状況を背景に、中世以降も勇ましい理想の女神像が育まれ、神功皇后伝説は強固になっていったようだ。

Q 29

応神天皇が八幡神になった理由とは？

全国に4万社を超えるという八幡系の神社は、祭神として八幡神を祀るが、その八幡神は応神天皇と同一視されている。総本宮は大分県の宇佐神宮。八幡神は戦の神、仏教の守護神とされ、中世には武家の守護神ともなった。八幡神＝応神天皇という関係は、歴史や伝承が複雑に絡み合って形成されてきた。

まず応神天皇サイドから見ると、応神天皇は神功皇后の三韓征伐（Q28）の後に九州で生まれたと記紀にある。生後、九州から東の大和へ帰る所を大和の忍熊王《おしくまのみこ》に邪魔されるが、神功皇后に仕えた審神者《さにわ》でもある建内宿禰《たけうちのすくね》らの協力で抑え、大和に入って天皇に即位した。一説には、応神天皇は次代の仁徳天皇の事績を分けて神格化した架空の人物であるという。この時代、ヤマト政権は時代の変化とともに新たな体制秩序を持ちはじめたため、神武、崇神に次ぐ新たな皇室の始祖神として応神が形成されたとする見解だ。

八幡神サイドから見てみると、宇佐神宮の縁起には、欽明天皇時代の571年に宇佐の地に「八幡神応神天皇」が顕現したという記録が残されている。養老4年（720）、九州

宇佐神宮の拝礼は2拝4拍手1拝。この作法を行うのは他に出雲大社と新潟県の弥彦神社のみ

では地元民がヤマト政権に対して「隼人の反乱」を起こした。この時、朝廷は宇佐の八幡神に祈願し、その加護で反乱を征したという。その後、東大寺では大仏が建立され、その造営を守護するという八幡神の託宣もあった。

天平勝宝《てんぴょうしょうほう》元年（749）、大仏が完成すると、八幡神は大仏を拝礼するため神輿に乗って平城京に入京した。時の天皇は仏教の布教を推進した45代聖武天皇。日本古来の神々が仏教の神々に内包される「神仏習合」のかなり早い段階で八幡神は仏教に取り込まれた。さらに、皇室の始祖神である応神天皇の権威も取り込み、国家鎮護の神となっていったようだ。

Q30

実在が確実とされる天皇は誰からか？

日本の古代史を考古学的に研究しようとする時、大きな障壁の一つとなっているのが文字資料に頼れないということであろう。日本に中国から漢字が伝わるのは5世紀頃といわれ、それ以前は文字による記録がほとんどない。7～8世紀頃成立の史料として記紀があるが、飛鳥時代以前の古墳時代や弥生時代については神代のことのような神秘的な記述となっていて、描かれている人物が実在したのかどうかは不明である。

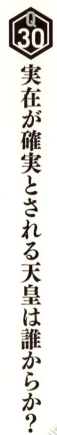

そんな中で、古代の天皇がいつから実在したのかについては諸説入り乱れている。最初の神武天皇から実在する派、崇神天皇を実在としヤマト政権の創始者とする派、16代仁徳天皇（応神天皇）からを実在とする派、さらに時代が下って21代雄略天皇から、はたまた古墳時代後半となる6世紀はじめの26代継体《けいたい》天皇（Q31）からを実在とする派も。だが、ほぼ実在が確実という点では、仁徳天皇が一歩リードしているといえそうだ。

中国に現在も残る、高句麗時代に建てられた好太王《こうたいおう》の業績を称えた石碑「好太王碑」に、391～404年にわたる倭国と朝鮮半島の国々との攻防について書かれており、これが仁徳（応神）の時代にあたると考えられているためだ。神功皇后の三韓征伐伝説もこの碑文と関係した出来事だったのではないかという見方がある。仁徳以降、5世紀の東晋〜宋の時代の歴史書にも「倭の五王」についての記述があり、仁徳の次の17代履中《りちゅう》天皇以降も実在したと考えられている。

前項（Q25）でも述べたが、応神天皇と同一人物とみられている仁徳天皇は、神格化されるにふさわしく「仁政」を敷いた天皇として伝わっている。特に農業における事蹟が多く残っており、農民の税の免除や堤防の整備、鉄製農具の導入といった保護策を取り、民から慕われたという。大和から河内へ拠点を移したことも踏まえ、天皇家における一つの新時代がこの仁徳天皇からはじまった可能性も有力視されている。

仁徳天皇の肖像。高殿から民家の炊飯の煙が上がっていないのを見て、租税を3年間免除したという
（早稲田大学図書館蔵）

Q31 謎に包まれた継体天皇とは一体？

記紀によれば、仁徳天皇以降、次々と皇位継承者が殺されるという政権争いが起きた。さらにヤマト政権が地方支配を強め、反発する豪族たちとの小競り合いもしばしば起こった。そんな中で即位した25代武烈天皇は『日本書紀』には大変な暴君であったと記される。地方との争いや君主の暴挙で王朝は疲弊していたことだろう。

そこへ朝廷の中枢である大和から遠く離れた辺境の地からさっそうと登場するのが26代継体天皇だ。応神天皇から5代目の子孫で、近江に生まれて越前で育ったと記紀は記す。即位後の527年には九州で磐井の乱が起きるが翌年制圧し、国造制《くにつくりせい》など地方行政を整備し、弱体化した朝廷を立て直したという。

このように継体天皇が果たした役割は大きいものであった。ところが、継体天皇には謎もまた多い。まずは出生の謎がある。実在しないともいわれる応神の子孫なのだろうか？武烈に皇子がいなかったとはいえ、あまりにも遠縁の血筋が即位したのはなぜなのか？また磐井の乱についても諸説ある。筑紫国造《つくしのくにのみやつこ》・磐井が朝鮮半島の新羅と組んでいたというのが通説だが、逆に大きな争いなどなく記紀が争いを〝盛った〟という見方もあるのだ。

継体が大和に入るのに20年かかったことから、当時大和で抵抗していた大豪族・葛城氏から朝廷を奪取したのではないかとする説もある。近年の研究によれば、継体の生まれの地である近江（鉄の原材料である鉄鉱石が取れる地）と生育地の越前、妃の出身地の尾張に加え九州の勢力も継体の支持基盤で、地方vs中央（葛城）の構図があったのではないかと推察されている。

継体天皇の関係図

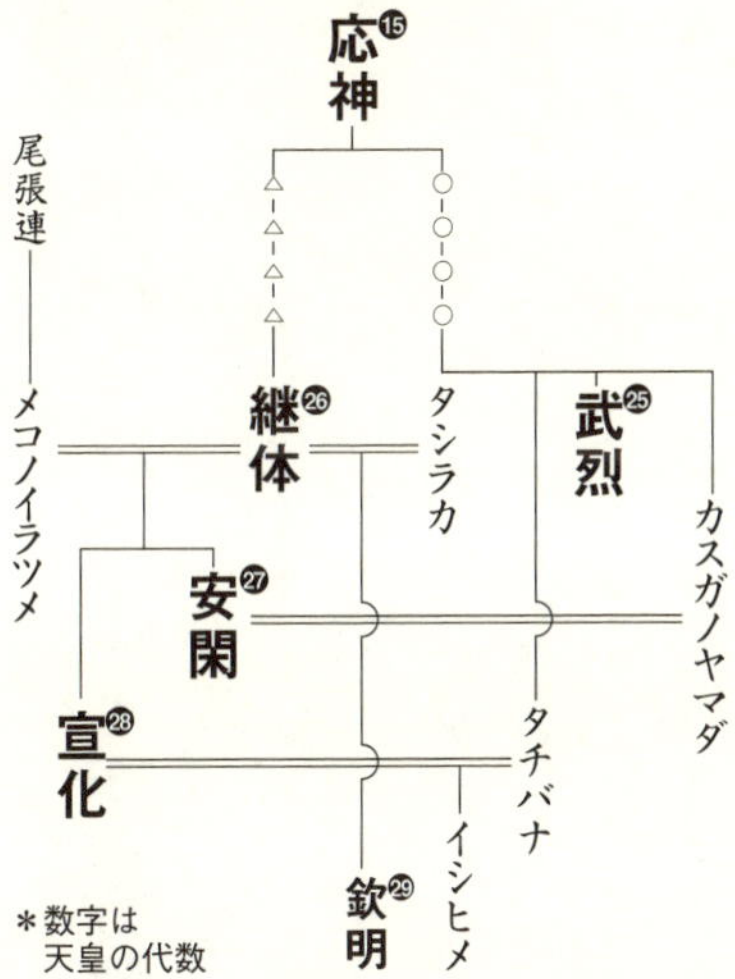

＊数字は天皇の代数

　九州を経由して朝鮮半島へも継体は交流を持っていたともいわれるが、これでは磐井の乱の通説とは矛盾する。継体のものと確実視される今城塚古墳には、阿蘇でしか出土しないピンク石の石棺が収められている。果たして、九州征服を祝してわざわざ持ってきたのだろうか？　今も謎は深まるばかりである。

Q.32 暗殺されたことが記載される唯一の天皇とは？

記紀を読んでいると血なまぐさいエピソードがたまに登場する。32代崇峻《すしゅん》天皇もそんな登場人物の一人。唯一、臣下に暗殺されたと記録されている天皇である。

587年、崇峻は有力豪族の蘇我馬子の推薦により即位した。蘇我馬子は、大化の改新まで権勢をふるうこととなる蘇我蝦夷の父、蘇我入鹿の祖父にあたる。馬子は仏教の導入をめぐって対立していたライバルの物部《もののべ》氏に勝利し、向かう所敵なし。豊かな土地を所有し、武器も豊富に持っていた。そんな蘇我氏の躍進が気に入らなかったようで、崇峻天皇は不満を漏らしてしまった。それは、イノシシを献上された時のこと。崇峻は「いつの日か、このイノシシの首を斬るように、嫌な奴の首をはねてやりたいものだ」とこぼした。この愚痴が蘇我氏に向けられていたことは一目瞭然。一族の安泰を危惧した馬子は、なんと部下の東漢駒《やまとのあやのこま》に崇峻を殺させてしまったのだった。

一国の王が暗殺されたとなれば大変な混乱が起こりそうなものだが、その後、特に混乱は起きず、次の天皇として33代推古天皇が即位する。蘇我馬子も引き続き天皇のそば近く

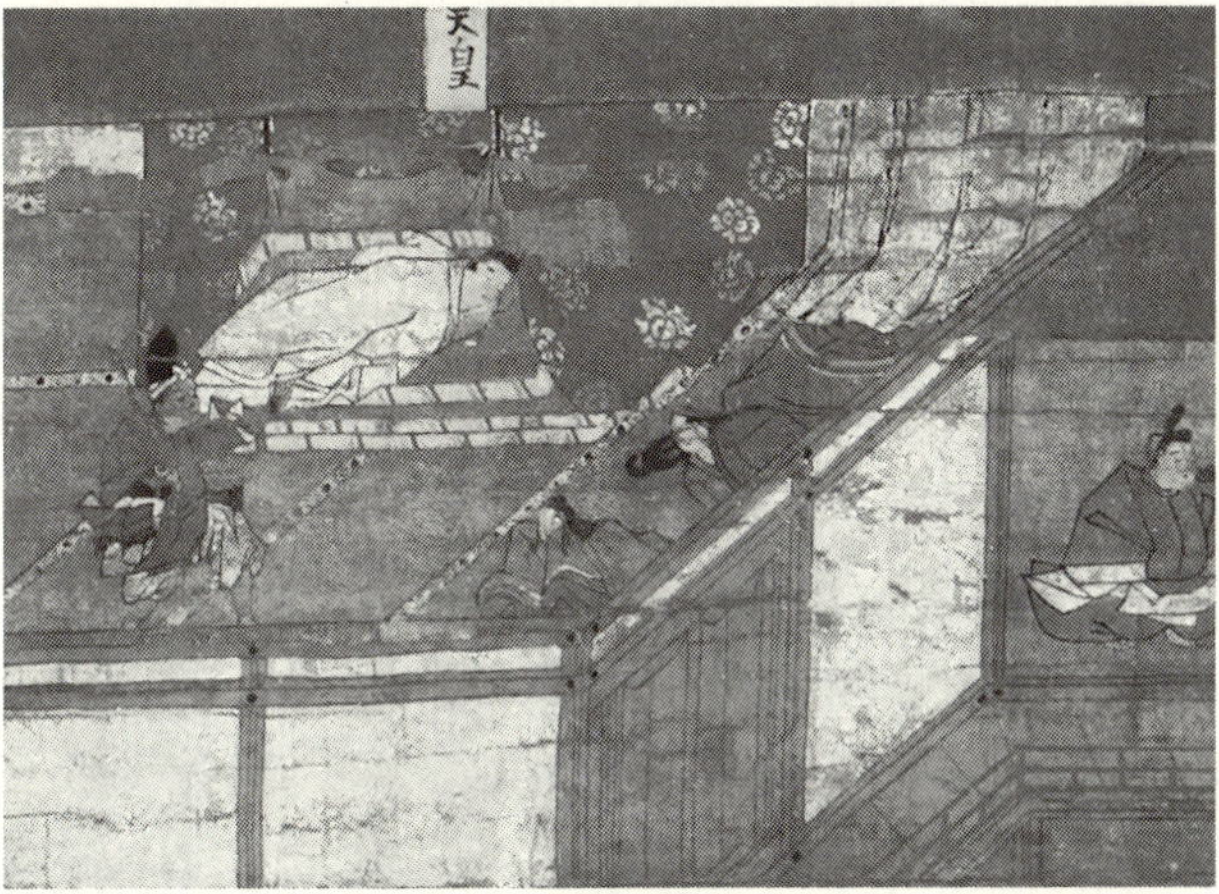

『聖徳太子絵伝』に描かれた暗殺された崇峻天皇
（談山神社蔵／奈良女子大学学術情報センター提供）

に仕えた。このことから、崇峻暗殺はあらかじめ了解されていたのではと推測されている。ただし実行犯の東漢駒だけは「蘇我馬子の娘を犯した」という罪で処刑された。

蘇我氏というと古代最大の悪役と思われがちだ。蘇我入鹿は、皇位争いにおいて厩《うまや》戸《と》王《おう》（聖徳太子）の皇子をも暗殺。権力を握って悪行を働き、後の天智天皇らによる乙巳の変で、まるで悪者退治のように殺される。だが蘇我氏＝悪者というイメージは近年疑問視されている。蘇我入鹿の死後、天皇によって公地公民が制定され、豪族が所有していた土地や人民はすべて天皇家のものとなった。天皇による中央集権は、この後、一段と進んでいくのである。

平将門はなぜ新皇を名乗った？

天皇や貴族が栄えた平安時代の中期に起きた「将門の乱」は、当時の八幡神（応神天皇）の存在についてよくわかる出来事だ。将門の祖先は桓武《かんむ》天皇であったが、一族は“都落ち”して平安京から遠く離れた下総北部（現在の千葉県北部あたり）を本拠地とする武士となっていた。将門はかねて不仲だった伯父の良兼《よしかね》と対立、平氏一族で抗争が起き、それは関東諸国を巻き込む内乱へと発展する。将門は内乱に勝利し天慶《てんぎょう》2年（939）に関東を治め、「新皇」を名乗るが、朝廷への謀反者となった将門のもとには朝廷から精鋭部隊が送り込まれ、わずか数か月で将門の反乱は鎮められた。討死した将門の首は、現在も神田明神や東京・大手町の首塚に祀られている。朝廷からの関東独立をもくろんでいたともいわれるこの「将門の乱」で、将門がなぜ新皇を名乗ったのか。それは民を治めるための論理が必要だったからだ。当時の頂点といえば天皇であり、天皇は「万世一系」と信じられていた。遠く祖先をたどれば将門もアマテラスから続く天皇家の血筋である。『将門記』が伝える所によると、巫女に乗り移った八幡神（応神天皇）が“八幡大菩薩”であると名乗り、「自分の皇位を譲る」と言ったのだという。八幡神は奈良時代に起きた道鏡《どうきょう》事件でも、皇位乗っ取りを企てた道鏡に「神託」を利用されそうになった。平安時代には八幡信仰が大流行し、京都に大分の宇佐神宮から八幡神を分霊して石清水八幡宮が建てられたほど。八幡信仰の浸透が感じられるエピソードだ。

3章

歴史上の天皇をもっと知る

Q 33

最初に「天皇号」が使われたのはいつ？

歴史の教科書では、ごく普通に目にする「天皇」という呼称だが、そもそも「天皇」とは、なにを指す語なのだろうか。

司馬遷《しばせん》の『史記』によれば、秦の嬴政《えいせい》（始皇帝）が中国を統一した際、伝説上中国を治めたとされる「天皇、地皇、泰皇《たいこう》（人皇ともいう）」の「三皇」より「皇」の一字を取り、はじめて「皇帝」を称したとする。これが秦の始皇帝であり、つまり、この頃の「天皇」とは、伝説上の神のような存在だったことがわかる。

その後、王朝が変わっても、中国の統治者たちは、自身を「皇帝」、あるいは、伝統的に「天命を受けて世を統べる者」を意味する「天子」と称しており、「天皇」の号を正式に使用したのは、唐の3代皇帝・高宗《こうそう》が最初である。

では、日本で「天皇」の号を使用しはじめたのは、いったい、いつ頃のことなのだろうか。残念ながら、はっきりとしたことはわかっていない。ただ、主な説は二つあり、一つは、その使用のはじめを推古《すいこ》朝とする。

根拠となったのは、法隆寺金堂の薬師如来像の光背《こうはい》の銘文や、中宮寺の「天寿国繍帳《てんじゅこくしゅうちょう》」の銘文で、そこに「天皇」の文字が使われていたからである。しかし、近年の調査の結果、この二つは推古朝よりも後につくられた可能性が強いとして、推古朝説の根拠は揺らいでしまった。

そこで登場したのが、天武《てんむ》・持統《じとう》朝を「天皇」の呼称使用のはじめとする説だ。この根拠は674年に高宗が「皇帝」の号を改めて「天皇」と称したことに由来する。この頃日本では、「壬申の乱」に勝利した天武が即位したばかりであり、彼は豪族の力をそぎ、天皇へ権力を集中させるべく、改革の意欲に燃えていた。その改革のお手本となったのは、当然ながら当時の先進国の唐であり、「天皇」の号もまた、律令などとともに、日本に導入されたとするのである。平成10年（1998）、奈良県明日香村の飛鳥池遺跡で発掘された、天武・持統朝期の出土品の中に、「天皇」と記された木簡があったことも、この説を裏付ける有力証拠とされている。

だが、現状では、どちらの説にも、決定的な確証はない。ただ、「天皇」の号が使われはじめたのが、推古朝であれ、天武・持統朝であれ、日本が対外的に、独立した国家として成り立つための改革に燃えていた時期であったことは、非常に興味深い。

Q34

「上皇」と「法皇」では何が違う？

国家の最高統治者は、「天子」、「天皇」、あるいは「皇帝」と呼ばれた。どれも「天命を受けて国を治める者」という意味では同じだが、唐の律令を模して制定された「大宝律令《たいほうりつりょう》」の「儀制令・天子条」によれば、「天子」は「祭祀で称するもの」、「天皇」は「詔書《しょうしょ》で称するもの」、「皇帝」は「華夷《かい》（国内外）に対して称するもの」と規定されていた。もっとも、実際の使用では、それほど厳密な区別はなされていなかったようだ。

特筆すべきは、「大宝律令」に、唐の律令にはない、「太上天皇《だいじょうてんのう》」についての規定があることだ。そこには「太上天皇」は「譲位の帝を称するもの」とあり、その地位は天皇に準ずるとされており、皇后、皇太子以下、すべての者は天皇に対するのと同じように臣下であると定められている。

さらには奏上の際に使用される敬称も「天皇」と同じ「陛下」であり、その命も「詔」「勅」とするとある。つまり「太上天皇」とは、天皇と同格に近い存在として規定されているのだ。この「太上天皇」は、略して「上皇」、「太皇」とも呼ばれる。

日本で最初に「太上天皇」と称されたのは、40代天武天皇の皇后で、その死後、女帝として即位した41代持統天皇である。697年、彼女は、孫の珂瑠《かる》／軽皇子（42代文武《もんむ》天皇）に譲位して「太上天皇」となった。この時、文武天皇は、わずか15歳。「大宝律令」が制定されたのは701年だが、その前身である「飛鳥浄御原令《あすかきよみはらりょう》」は689年に頒布されており、年若い新天皇を「太上天皇」として後見することを見越した持統が、この条を日本の律令に加えたのかもしれない。

「大宝律令」によれば、「太上天皇」は、新しい天皇に譲位した「さきの天皇」を指しており、もともとは譲位とともに自動的に呼ばれる号であった。ところが弘仁《こうにん》14年（823）、52代嵯峨《さが》天皇は、異母弟の大伴親王（53代淳和《じゅんな》天皇）に譲位した際、「太上天皇」の号を辞退し、宮城外に移り住んだ。そこで淳和天皇は、改めて「太上天皇」の号を贈ったのである。このことから、以降は譲位した「さきの天皇」は宮城外へ居を移し、新天皇の方から「太上天皇」の号を贈ることが通例となった。

また、「太上天皇」が出家すると、「太上法皇」と称した。略して「法皇」ともいわれる。在家か出家かの差だけで身分的な違いはないが、「太上法皇」の方は、法的に規定された号ではない。平安中期の宇多天皇が、最初に使用したとされる。

Q35 「元号」を変えるのはなぜなのか？

元号（年号ともいう）とは、支配者の統治の年代を示す紀年法の一種で、中国の前漢の武帝が、紀元前115年に「建元《けんげん》」を定めたのが、最初の使用とされる。

日本で最初に使用された元号は、645年に36代孝徳《こうとく》天皇が立てた「大化」であり、その後、「白雉《はくち》」と「朱鳥《しゅちょう》」という二つの元号の後、しばらく断絶はあったものの、701年に立てられた「大宝」から現在の「平成」まで、途切れることなく続けて使用されている。その数は全部で247（南北朝期の双方の元号を含む）に及び、平成31年（2019）に今上天皇が皇太子に譲位されれば、248個となる。

では、その中で一番長く使用された元号は、何だろうか。答えは「昭和」で、通算62年と14日使用されている。だがこれは、明治以降に「一世一元《いっせいいちげん》の制（天皇の在位中に元号を変えない）」が定められたためで、明治より前の元号最長記録は、室町時代の北朝最後の天皇である100代後小松《ごこまつ》天皇が、天皇在位中から院政期にかけて使用した「応永《おうえい》」になる。この元号は、通算33年10か月と8日も使用されている。

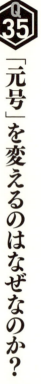

じつは、その通算期間が20年を超える元号は、明治より前の243個の元号の中で、「延《えん》暦《りゃく》」「延喜《えんぎ》」「正平《しょうへい》」「応永」「天文《てんぶん》」「寛永《かんえい》」のわずか六つしかない。その中でも30年を超えたのは、「応永」のみである。元号の使用年数を平均すると、1元号あたり4、5年ほどでしかなく、最も短いものでは、鎌倉時代の87代四条《しじょう》天皇の「暦仁《りゃくにん》」が、2か月と14日しか使用されていない。では、元号はなぜ、これほど頻繁に変更されたのだろうか。

元号を変えることを「改元」というが、日本の為政者たちは、人心を一新し、時代の雰囲気を変えるため、たびたび改元を繰り返してきた。最もポピュラーなものが、新しい天皇が即位した際に行われる「代始改元《だいはじめかいげん》」だろう。この他にも、めでたい兆しが現れた際の「祥瑞《しょうずい》改元」がある。「白雉」「和銅《わどう》」「養老《ようろう》」「神亀《じんき》」「天平《てんぴょう》」など、飛鳥・奈良時代から平安初期にかけての改元には、この「祥瑞改元」が多い。後に多くなるのが「災異《さいい》改元」で、大地震や大火、飢饉や疫病、戦乱などの際に、元号を変えることによって、こうした厄災を断ち切るという思いが込められている。さらには、甲子《こうし》の年の「革令《かくれい》改元」、辛酉《しんゆう》の年の「革命改元」も多い。これは、中国の『緯書《いしょ》』にある「甲子の年には令が革《あらた》まる（革令）」「辛酉の年に命が革まる（革命）」という思想からきたもので、これらの年に起きるとされる政治上の変革を予防する意味で、元号が改められたのである。

Q36 ヤマト政権で王族の内婚化が進んだ理由とは？

4世紀末頃から近畿地方に成立していたとみられるヤマト政権だが、現在の私たちが思い描く「国家」とは、かなり趣を異にしていた。日本を統べる「大王《おおきみ》」の権力も、古代中国の「皇帝」が持っていたほど強力なものではなく、畿内周辺を基盤とする有力豪族の意向を無視できない、部族連合的な色彩が濃かった。そのため新しい「大王」の即位をめぐっては、王位継承権を持つ王子たち同士が争うにとどまらず、王子たちの母方に属する有力豪族たちとの権力闘争に発展することが多かった。5世紀末の大長谷皇子《おおはつせのおうじ》（21代雄略《ゆうりゃく》天皇）が、即位をめぐって有力豪族である葛城《かつらぎ》氏と戦ったのも、その顕著な例といえるだろう。こうした争いをなくすには、「大王」の権力の強化と、王権譲渡のための確固たるシステム化が必須であった。王権強化のためには、まず有力豪族の影響下から逃れる必要があり、その方法の一つとして、王族の内婚化がすすめられたと考えられる。

そのため7世紀に入ると、王族の男たちは、兄弟の娘や異母姉妹を妻にすることが多くなっていく。29代欽明《きんめい》天皇の跡を継いだ30代敏達《びたつ》天皇は、同じく欽明天皇を父に持つ異母妹の額田部皇女《ぬかたべのみこ》（33代推古天皇）を皇后に、敏達天皇の異母弟で、その後を継いだ31代用明《ようめい》天皇も、異母妹の穴穂部間人皇女《あなほべのはしひとのひめみこ》を皇后にしている。ちなみに用明天皇と額田部皇女の母は、蘇我稲目《そがのいなめ》の娘の堅塩媛《きたしひめ》であり、穴穂部間人皇女の母は、堅塩媛の妹の小姉君《おあねのきみ》である。そのため、この時期、蘇我氏が絶大な権力を握ることになり、豪族の影響力を完全に排除したとは言い難いが、それでも王権の強化は、ゆっくりと進んでいった。

推古天皇の次の舒明天皇は、敏達天皇の孫で、母親も敏達天皇の娘である。その皇后の宝女王《たからのおうじょ》（35代皇極《こうぎょく》天皇／37代斉明《さいめい》天皇）も、やはり敏達天皇の孫にあたる茅渟王《ちぬのみこ》の娘であった。さらに、その宝女王が生んだ大海人皇子《おおあまのみこ》（天武天皇）は、同母兄の中大兄皇子《なかのおおえのおうじ》（38代天智《てんじ》天皇）の娘である大田皇女《おおたのひめみこ》と鸕野讃良《うらののさらら》（持統天皇）の姉妹を前後して妻にしており、これは兄弟姉妹間ではなく、叔父・姪の結婚ということになる。また、天智天皇と鸕野讃良の息子である草壁皇子《くさかべのみこ》は、中大兄皇子の娘の阿閇皇女《あへのひめみこ》（43代元明《げんめい》天皇）を妃にしている。つまり阿閇皇女（元明天皇）と鸕野讃良（持統天皇）は、嫁と姑の関係であると同時に、異母姉妹でもあったわけで、さらに草壁皇子と阿閇皇女（元明天皇）は、甥とオバの関係になる。このように当時の皇族間で、異母の兄弟姉妹間、オジ・姪やオバ・甥間の結婚は珍しいことではなかった。

Q37 女帝は「中継ぎ天皇」だったのか？

６世紀から８世紀にかけての飛鳥・奈良時代は、「女帝の時代」ともいわれる。５９２年に即位した推古天皇にはじまり、皇極天皇／斉明天皇、持統天皇、元明天皇、44代元正《げんしょう》天皇、そして神護景雲《じんごけいうん》４年（７７０）に没する46代孝謙《こうけん》天皇（48代称徳《しょうとく》天皇）まで、実に８代六人の女帝が出現している。

これらの女帝は、次に天皇となるべき皇子が若すぎるため、その成長を待つ間の「中継ぎ天皇」であったといわれる。たしかに推古天皇、皇極天皇／斉明天皇、持統天皇、元明天皇、元正天皇の五人の女帝は、「中継ぎ天皇」というべき存在だった。この当時、天皇が即位する際には、血統以外に年齢もかなり重視されており、30歳以下は即位できないという不文律もあった。さらに、皇后は天皇を補佐する立場にあり、朝廷での発言権も強かった。女帝が生まれることになった原因も、政治経験のない若い天皇を立てるより、経験のある元皇后の天皇を立てた方がいいという、社会認識があったからなのだろう。

たしかに推古天皇は敏達天皇の皇后であり、皇極天皇／斉明天皇は舒明天皇の皇后、持統天皇は天武天皇の皇后である。元明天皇は、皇后ではなく草壁皇子の妃だが、文武天皇の生母であり、その遺勅もあったことから、即位にこぎつけている。文武天皇の姉で元明天皇の娘である元正天皇の場合は、文武天皇の子であり元正天皇にとっては甥である首《おびとの》皇子《みこ》（聖武天皇）に皇位を継がせるため、自身は「中継ぎ天皇」であると明言した上で即位している。さらに、時代は下るが、江戸時代に登場する109代明正《めいしょう》天皇と117代後《ご》桜町《さくらまち》天皇の二人の女帝も、それぞれ110代後光明《ごこうみょう》天皇と118代後桃園《ごももぞの》天皇へ皇位をつなぐための、明らかな「中継ぎ天皇」であった。

しかし天平勝宝元年（749）に即位した孝謙天皇の場合は、少し事情が異なっている。いわゆる「女帝」とは、「女性天皇」のことを指すが、天平宝字《てんぴょうほうじ》元年（757）に施行された「養老律令」の「継嗣令《けいしりょう》・1条」には、「天皇の兄弟、皇子は、みな親王とすること。女帝の子もまた同じ」と規定されている。つまり、女性天皇を認めた上、さらに、女性天皇の子どもも皇位を継ぐことができると、「女系の天皇」の存在を認めているのだ。

聖武天皇の娘の阿倍内親王（孝謙天皇）は、男の皇子と同じように、皇太子に立てられた後に即位しており、独身だった彼女が結婚し子を産めば、日本初の「女系天皇」が誕生したかもしれない。だが彼女に子はなく、女系の天皇が誕生することはなかった。

Q38 退位した天皇はもう一度即位できる？

退位した天皇が、再び天皇となることを「重祚《ちょうそ》」という。日本で最初に「重祚」したのは、皇極天皇である。皇極天皇以前は、「諒闇践祚《りょうあんせんそ》」といい、天皇が崩御してから新しい天皇が即位するのが通例であり、天皇の生前に皇位が譲られることはなかった。つまり皇極天皇は、日本ではじめて「譲位」を行った天皇でもあるのだ。645年、中大兄皇子（天智天皇）が、蘇我入鹿《いるか》を殺す「乙巳《いっし》の変」を起こした時、計画を知らされていなかった皇極天皇は衝撃を受け、「皇位を中大兄皇子に譲りたい」という詔を下したという。だが、この時、19歳だった中大兄皇子は、皇位を辞退。皇極天皇の弟の軽皇子が、譲位を受けて即位し、孝徳天皇となった。しかし孝徳天皇と中大兄皇子は、難波宮《なにわのみや》への遷都をめぐって対立し、白雉4年（653）、遷都に反対する中大兄皇子が、天皇の制止を無視して飛鳥に帰ってしまったことから、孝徳天皇は怒りのあまり、翌年亡くなってしまう。この時、中大兄皇子は28歳。十分に即位できる年齢だったが、なぜか母親の皇極元天皇が重祚し、斉明天皇となった。中大兄皇子が即位しなかった、確かな理由はわかっていない。

「多武峯縁起絵巻」に描かれた乙巳の変。皇極天皇の姿も描かれている
（談山神社蔵／森村欣司撮影／奈良国立博物館提供）

重祚した二人目の天皇は、やはり女帝の孝謙天皇である。聖武天皇の第一皇女であった阿倍内親王は、皇太子に立てられた後に即位するという、男性天皇と同じ手順で即位した。独身で夫も子どももいなかった彼女は、天平宝字2年（758）、天武天皇の孫にあたる大炊王《おおいおう》（淳仁天皇）に譲位したが、この譲位は彼女の本意ではなかったようだ。普通なら即位と同時に行われる「代始改元」が、淳仁天皇の場合には行われていないのだ。しかも6年後、淳仁天皇は元号のないまま孝謙元天皇に廃され、彼女が重祚して称徳天皇となっている。ただ、この時、彼女は出家していたため、「即位の礼」は行われていない。

Q39 藤原氏の権勢はいつからはじまった？

645年、中大兄皇子（天智天皇）と中臣鎌足が、蘇我入鹿を朝廷内で斬り殺し、蘇我蝦夷《えみし》を焼身自殺に追いやった「乙巳の変」によって、蘇我氏の時代は終わりを告げた。中臣鎌足は、その後も天智天皇の側近として「大化の改新」の推進に尽力し、死の前日に、天智天皇から「藤原」の姓を下賜された。このことから鎌足は、後に権勢を誇る「藤原氏」の祖とされる。

中臣鎌足の息子の藤原不比等《ふひと》は、天武天皇と鸕野讃良（持統天皇）の息子である草壁皇子に仕え、草壁皇子の死後は、持統天皇に重用された。また、草壁皇子の遺児である珂瑠／軽皇子（文武天皇）の即位に尽力したことや、不比等の妻の橘三千代《たちばなのみちよ》が、草壁皇子妃である阿閇皇女（元明天皇）に仕えていたことなどから、文武天皇の後宮に、夫人として娘の宮子《みやこ》を入れた。さらに宮子が生んだ首皇子（聖武天皇）が皇太子となると、その後宮に宮子の異母妹の光明子《こうみょうし》を入れている。

こうして天皇家と幾重にも縁戚関係を結ぶことで、不比等は、中納言、大納言、右大臣と、朝廷での地位を急速にあげていった。後の平安時代には、天皇の外祖父となることで権勢をほしいままにし、道長の頃には全盛期を迎える藤原氏だが、この当時は、まだ「太上天皇」の権力が強く、外祖父として不比等が握った権力は、後の藤原氏ほど強力なものではない。

藤原不比等と天皇家の関係

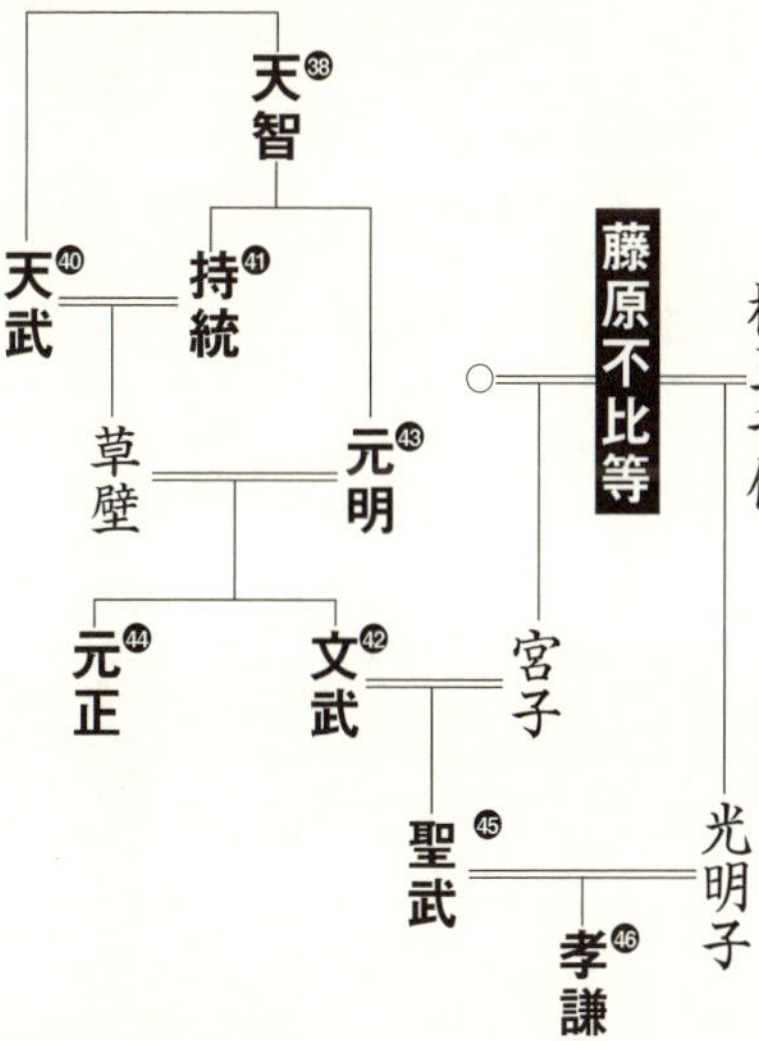

＊数字は天皇の代数

だが、不比等の死後、武智麻呂《むちまろ》、房前《ふささき》、宇合《うまかい》、麻呂《まろ》の息子たちが、光明子を聖武天皇の皇后とし、それまでの原則を崩し皇族以外から皇后を立てる道を開くと、「藤原四子政権」とも呼ばれる藤原氏の時代がおとずれる。この後、多くの中宮や皇后が、藤原氏から輩出されることとなり、「摂関政治」と呼ばれる、藤原氏の全盛時代へとつながっていく。

Q40 なぜ聖武天皇は遷都を繰り返したのか？

聖武天皇といえば、天平11年（７４０）から天平16年（７４５）にかけての、わずか５年間に、４度も遷都を行った天皇として知られている。天平11年、突然、「恭仁京《くにきょう》（京都府木津川市）」に遷都すると定めた聖武天皇は、その「恭仁京」が建設途中であるにもかかわらず、天平14年（７４３）、今度は「紫香楽宮《しがらきのみや》（滋賀県甲賀市）」に盧舎那仏《るしゃなぶつ》を建造すると言い出した。さらに天平15年（７４４）には、「難波宮《なにわのみや》（大阪市）」への遷都を決め、また翌年には、「紫香楽宮」を都にすると発表した。だが、たび重なる遷都に不満の声も多く、同年、結局もとの平城京へ戻っている。

なぜ聖武天皇は、このように頻繁に遷都を繰り返したのだろうか。天平11年に藤原広嗣《ひろつぐ》が１万に及ぶ兵を集めて九州でおこした反乱が理由とも、当時朝廷で二大勢力だった橘氏と藤原氏のバランスをとるため、橘氏の拠点である山城国に「恭仁京」を築き、藤原氏の地盤の近江国に「紫香楽宮」を築き、行ったり来たりしたのだともいわれるが、正確なことはわかっていない。

聖武天皇による遷都

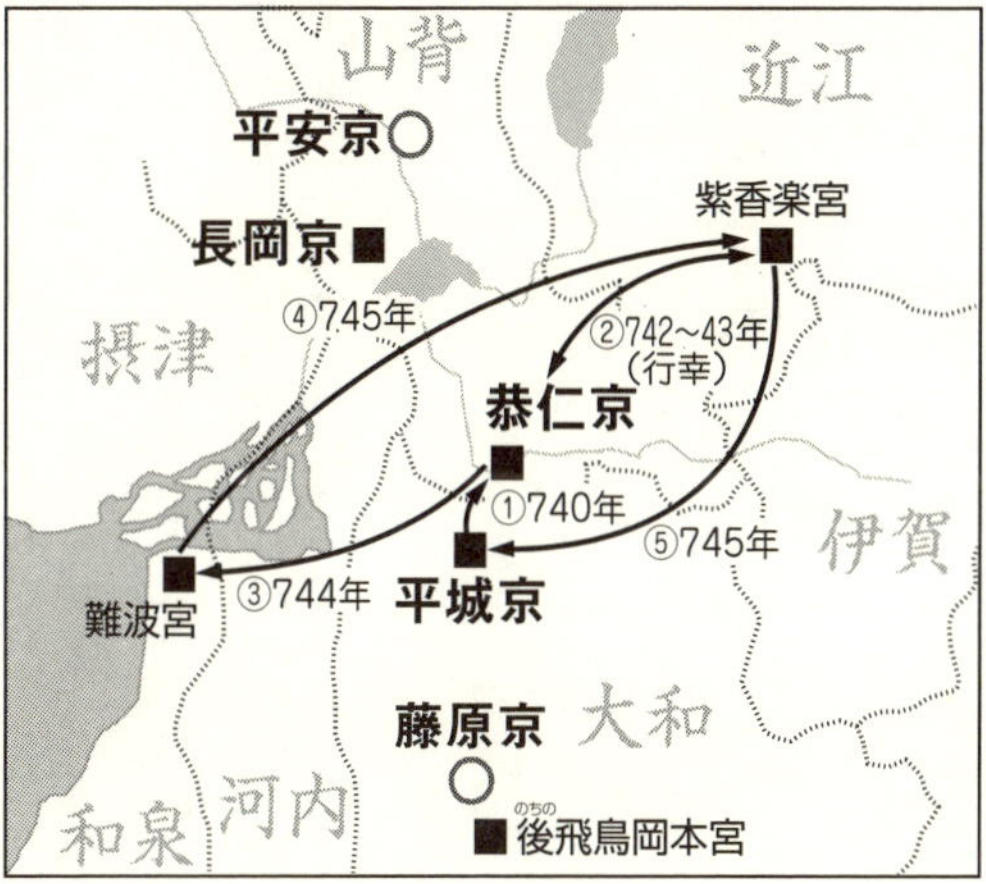

最近の有力な説に、聖武天皇が、当時の先進国だった唐の「複都制《ふくとせい》」を模して都づくりを進めていたのではないか、というものがある。

唐では、軍事的に守りの堅固な長安を都とし、四方に開けて物流の便がいい洛陽を経済的な陪都《ばいと》とする「両都制」をとっていた。聖武天皇は、元明・元正天皇期にたびたび行幸《ぎょうこう》が行われ、貴族たちの別荘地として栄えていた「恭仁京」を中心の都にすえ、淀川の河口に近い「難波宮」は、物流の拠点としての副都とし、「紫香楽宮」には盧舎那仏を建造して仏教の中心の宗教都とする、いわゆる「三都構想」を考えていたのではないかというのだ。

Q 41

史上二人いた「法王」とは？

天平宝字6年（762）、近江の保良宮《ほらのみや》に滞在していた孝謙上皇は、急な病に倒れた。この時、孝謙上皇の看病に侍したのが、道鏡という僧だった。以降、孝謙上皇は、急速に道鏡に傾倒していく。当時の朝廷で権勢を誇っていた藤原仲麻呂《なかまろ》は、ライバルの出現に危機感をいだき、クーデターを起こすが失敗。仲麻呂を斬首に処した孝謙上皇は、淳仁天皇も廃位して淡路国に流すと、自身が重祚して称徳天皇となった。

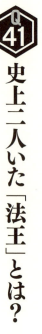

邪魔者がいなくなった称徳天皇は、すぐに道鏡を大臣禅師に任命し、さらに天平神護《てんぴょうじんご》元年（765）には、太政大臣禅師に任じている。そして翌年、道鏡は、ついに「法王」に任じられた。「法王」とは、道鏡のためだけに新たに設けられた「官」であり、経済的には天皇と同じ待遇を与えられていた。

この当時、女性天皇は「中継ぎ」であるべきという社会通念が強く、称徳天皇が、いくら自身は男性と同じ天皇であると主張しても、認められなかった。称徳天皇は、自身の天皇としての正統性を強めるため、道鏡を法界のトップに据えて権威付けとし、バックアッ

十返舎一九作の『弓削道鏡物語』の一場面。道鏡は弓削氏の出身である

プさせようとしたと思われる。その後、宇佐八幡宮の神託（お告げ）を利用して道鏡を天皇としようと目論むも失敗（宇佐八幡宮神託事件）。神護景雲4年（770）8月、称徳天皇が崩御すると、道鏡は失脚し、下野国に流されてしまった。

日本史上には、もう一人有名な「法王」がいる。厩戸王（聖徳太子）だ。法隆寺で見つかった『上宮《じょうぐう》聖徳《しょうとく》法王《ほうおう》帝説《ていせつ》』では、厩戸王のことを「厩戸豊《とよ》聡《と》耳《みみ》聖徳法王」と呼んでいる。だが、この「法王」は、厩戸王が仏教の法《のり》に造詣が深かったことを意味する尊称で、正式な官位名ではない。厩戸王は『日本書紀』でも、「豊聡耳法大王」や「法主王」などと称されている。

Q42 天皇の「礼服」は中国風だった？

奈良時代、中国の唐の律令をモデルに「大宝律令」がつくられた際、日本の皇族や官僚の公服も規定された。「大宝律令」の原文は残っていないが、現存する「養老律令」と、ほぼ同じ内容であることはわかっている。その「養老律令」の「衣服令」には、元日朝賀《ちょうが》、即位式などの重要な儀式の際に着用する「礼服」、朝廷の公事（年中行事）に参列する際に着用する「朝服」、無位の者が朝廷の公事の際に着用する「制服」の、衣冠の色や素材、文様などが、それぞれ規定されている。だが、この「衣服令」には、天皇や皇后の服装に関する規定は書かれていない。

天皇と皇后、皇太子の「礼服」と「朝服」（ただし皇太子の「礼服」は「衣服令」にある）の規定が明文化されたのは、嵯峨天皇の弘仁11年（８２０）のことだった。これによれば天皇は、神事の際には帛衣《はくい》（白の練り絹）を着用し、元日に朝賀を受ける際には袞冕《こんべん》十二章を着用し、毎月朔日《さくじつ》に朝賀を受ける際や朝廷公事、外交使節との面談などの際には、黄櫨染《こうろぜん》の服を着用することとなっている。

袞冕十二章というのは、唐の皇帝が着用していた服に倣ったもので、50代桓武《かんむ》天皇が平安京に遷都して以来進められていた、日本の朝廷の唐風化が、ここに極まったといえるものだった。この中国風の「礼服」は、大きく変わることなく幕末まで着用され続けている。

一方、「朝服」の方は、藤原氏の摂関時代に和様化が進み、さらに院政期になると、それまで着用されていた「柔装《なえ》束」から「強装《こわ》束」へと、大きな変化が起こっている。

これは71代後三《ごさん》条《じょう》天皇の孫である源有仁《ありひと》が着はじめたことで、大流行したものだといわれているが、直線的で硬い「強装束」が、武士の台頭しはじめた院政期に流行したというのが、なんともおもしろい。

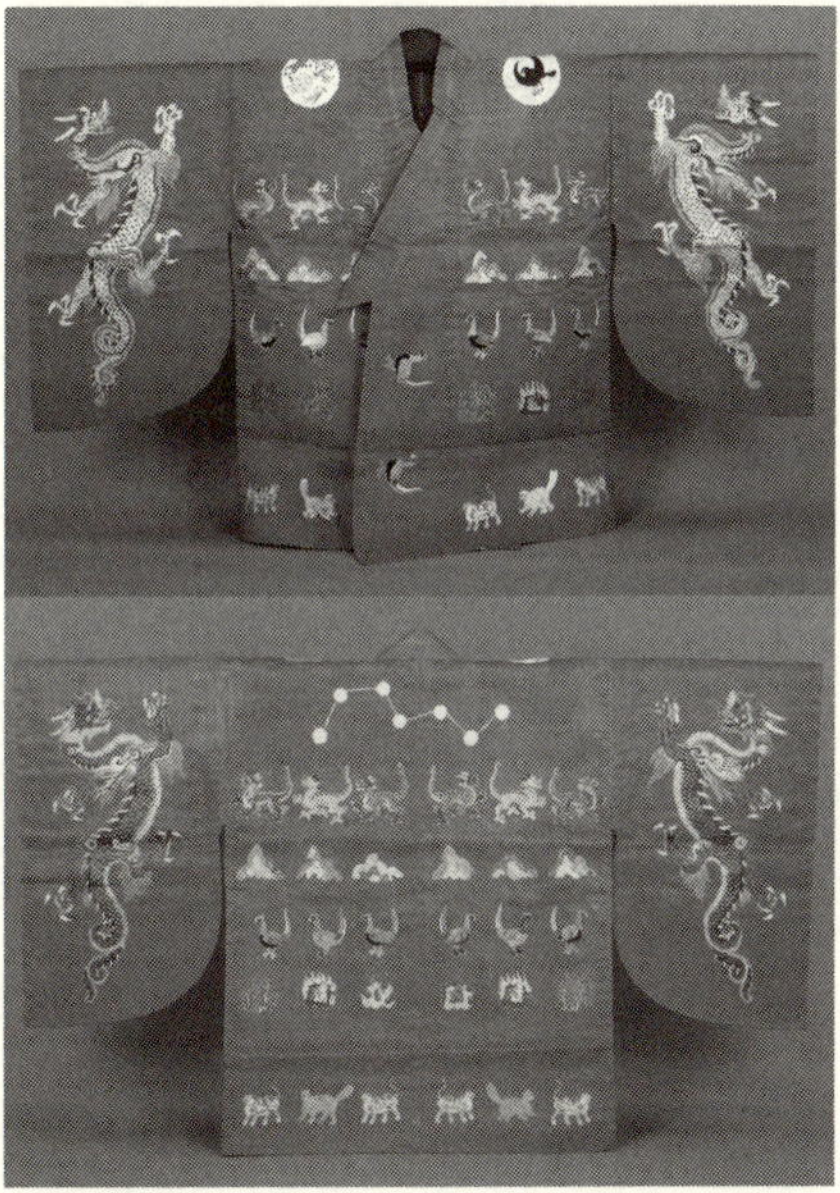

孝明天皇の袞衣。日、月、龍など十二章があしらわれている（宮内庁提供）

Q 43 諱の「○仁」はいつからはじまった？

諱とは、貴人の実名のことをいう。昔は、貴人が生きている間は、その本名を呼ばない習わしだった。今上天皇の諱は「明仁」であり、昭和天皇の諱は「裕仁《ひろひと》」、大正天皇の諱は「嘉仁《よしひと》」、明治天皇の諱は「睦仁《むつひと》」と、みな「仁」の字が使われている。「仁」とは、孔子が説いた儒教において、人が守るべき徳目である「仁、義、礼、智、信」の「五常《ごじょう》」の中で、最も重視されたものであり、その意は、一切のものに対して、へだてなく慈しみ、思いやる心のことをいう。まことに、天皇の御名にふさわしい字といえるだろう。

この「仁」の字を最初に諱に使った天皇は、平安時代前期の56代清和《せいわ》天皇である。その後、60代醍醐《だいご》天皇の諱に「敦仁《あつひと》」、66代一条《いちじょう》天皇の諱に「懐仁《やすひと》」と、「仁」の字が使われたものの、しばらくは、個々それぞれ違う字が使われている。だが、藤原道長の娘・嬉子《きし》を母に持つ70代後冷泉《ごれいぜい》天皇に「親仁《ちかひと》」と「仁」の字が使われて以降は、南朝の96代後醍醐《ごだいご》天皇、97代後村上《ごむらかみ》天皇、98代長慶《ちょうけい》天皇、99代後亀山《ごかめやま》天皇の四人と、江戸時代の二人の女帝をのぞき、現在に至るまで、ずっと「仁」の字が使われ続けている。

Q44 「武士」のルーツは天皇だった？

平安前期には、征夷大将軍に任命された坂上田村麻呂《さかのうえたむらまろ》に代表される坂上氏や、出羽の蝦夷の反乱鎮圧に功があった小野春風《おののはるかぜ》を輩出した小野氏など、軍事を得意とする氏族が、すでに存在していた。だが、こうした氏族は、軍事を一門の固有の職能とすることなく、やがて平安中期以降になると、軍事とは無関係な下級官僚へと没落していく。これに代わって台頭してきたのが、桓武平氏、清和源氏を祖とする「武士」たちである。

なかでも、平将門《まさかど》と藤原純友《すみとも》がおこした「承平《じょうへい》・天慶《てんぎょう》の乱」の鎮圧に功があった、平貞盛《さだもり》、源経基《つねもと》、藤原秀郷《ひでさと》の三人は、軍事を専門の職能として世襲する「武士」の祖とされる。

平貞盛は、桓武天皇の賜姓によって平姓となった桓武平氏の流れをくみ、藤原秀郷は、その母方の叔父にあたり、藤原北家の祖である藤原房前の子孫である。また源経基は、清和天皇の第6皇子である貞純《さだずみ》親王の子で、清和源氏の祖となった人物だ。乱の平定によって三人の地位は一気に引き上げられ、後に、この三家の子孫たちが、摂関時代の京都において「武士」として活躍し、中央政権内での「武士」の地位を確立していくことになる。

Q45 「摂政」と「関白」とはどんな官職なのか？

平成28年（2016）、今上天皇がビデオメッセージで「お気持ち」を表明されたことから、平成31年（2019）4月30日に、皇位が皇太子様に譲位されることが決定した。この時、陛下は「摂政」を置くことには、否定的な考えをお示しになっている。

「摂政」とは、天皇に代わって「政《まつりごと》を摂《と》り行う」ことから名付けられたもので、天皇が幼かったり、病弱であったり、また女帝だったりした場合、天皇に代わって、天皇の名で国事行為を行う人のことを指す。古くは厩戸王（聖徳太子）や中大兄皇子（天智天皇）などが、皇太子として「摂政」を務め、時の女帝を補佐した。また人臣として最初の「摂政」となったのは、平安初期の藤原良房《よしふさ》である。

天安《てんあん》2年（858）、病弱だった文徳天皇が32歳で亡くなった際、良房の娘の明子が産んだ清和天皇が、わずか9歳で即位した。この時、本来なら幼齢の天皇を後見すべき「太上天皇」がいなかったため、天皇の外祖父であり、公卿最高位の太政大臣でもあった良房が、後見人となったのである。ただ、「天下の政を摂り行え（摂政）」という正式な命を受けたのは、貞観《じょうがん》8年（866）のことになる。

「摂政」が、幼帝に代わって政を摂り行う人間なのに対し、「関白」は、成人した天皇を補佐する者を指し、ともに律令の「職員令」には規定されていない「令外官《りょうげのかん》」である。最初に「関白」となったのは、良房の養子の藤原基経《もとつね》だが、これは、仁和《にんな》3年（887）の58代光孝《こうこう》天皇崩御の後、即位した59代宇多《うだ》天皇が「万機《ばんき》の巨細《こさい》、百官己に総《す》べ、みな太政大臣に関《あず》かり白《もう》し、然る後に奏下すること」と詔を下したことによる。つまり、天皇へ奏上する時も、天皇から臣下へ命を下す時も、基経を経由するようにと命じたのであり、当時、すでに臣籍降下して臣下の身であった源定省《さだみ》（宇多天皇）が、基経の力によって皇籍復帰して天皇となれたことを、感謝しての措置だったとされる。

基経の死後、宇多天皇は「摂関（摂政と関白）」を置かず、続く醍醐天皇も「摂関」を置かなかったが、61代朱雀《すざく》天皇の時に、基経の子である藤原忠平が、「摂政」を経て「関白」となり、これ以降、天皇が幼帝の時は「摂政」に、成人すると「関白」に任じられるという道が開かれた。

ちなみに、昭和天皇も、皇太子時代の大正10年（1921）から大正15年（1926）までの5年間、「摂政」を務められている。

Q46 なぜ上皇は「院政」を行えたのか？

「院」とは、「太上天皇（上皇）」や「太上法皇（法皇）」が住んだ屋敷をいい、後に上皇や法皇、その人を指すようになった。その「院」が、天皇に代わって政治を行うことを「院政」という。もちろん、天皇に譲位した「太上天皇（上皇）」が実権を握ることは、奈良時代からあった。だが、いわゆる「院政」とは、応徳《おうとく》3年（1086）に、72代白河《しらかわ》天皇が息子の善仁《たるひと》親王に譲位して、「太上天皇（上皇）」＝「院」となったのをはじまりとする。では、奈良時代と白河院の時代では、いったい何が違ったのだろうか。

奈良時代の天皇は、律令国家の頂点に立つ者として、すべての国土と国民を所有した。つまり奈良時代は、天皇こそが最大の土地所有者であり、「太上天皇」といえども、財力では天皇にかなわなかった。だが、平安時代も中期になると、律令制による土地制度は崩壊し、代わって「荘園」が登場する。律令制の建前からすれば、天下のすべての土地を持つ天皇が、あらたに「荘園」を持つ必要はない。そのため、たとえ天皇に「荘園」が寄進されても、それは「女院領《にょいんりょう》（内親王の荘園）」や「後院領《ごいんりょう》（院の荘園）」とする他なかった。

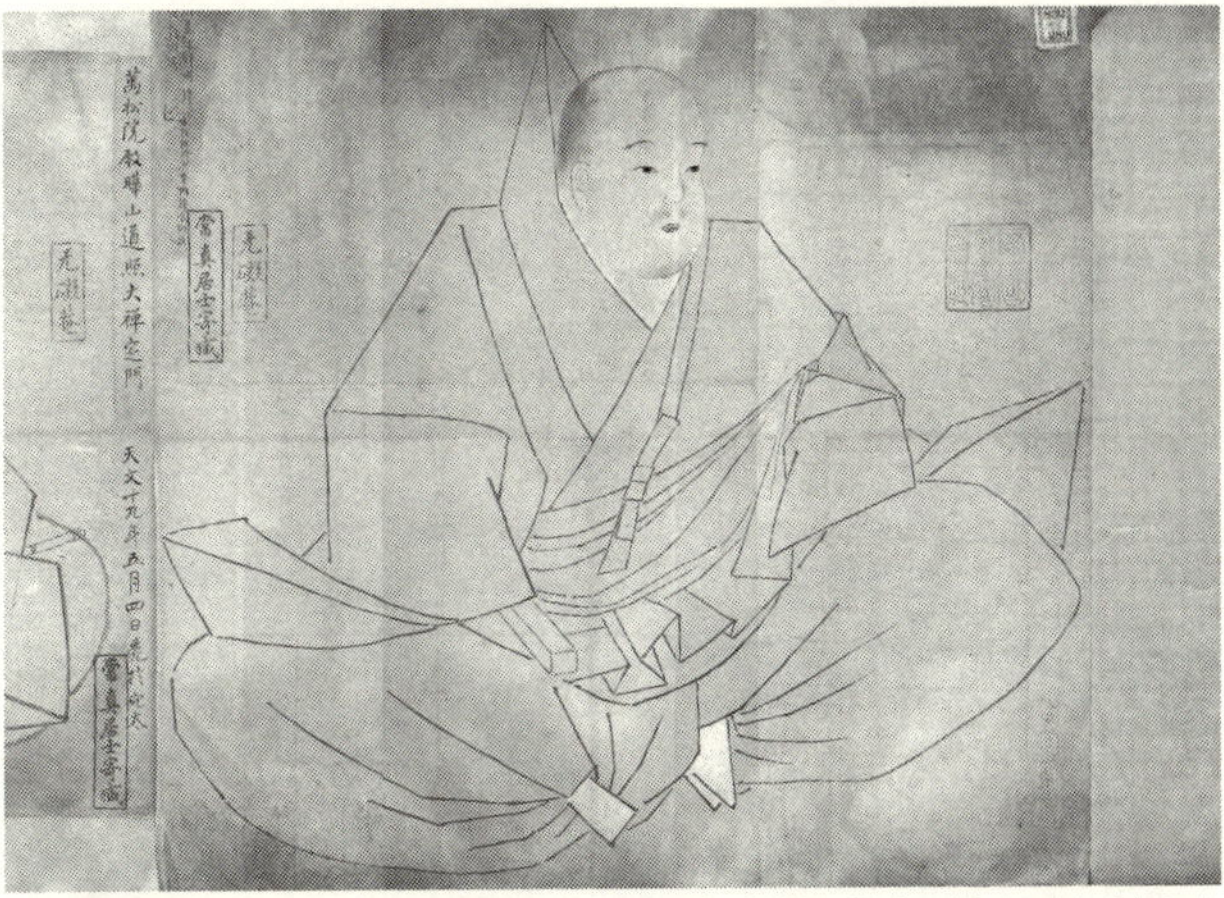

43年も院政を敷いた白河上皇。「賀茂河の水、双六の賽、山法師、是ぞわが心にかなわぬもの」と嘆いた逸話が残るほど、強い権力を握った

さらに延久《えんきゅう》元年（1069）、白河天皇の父の後三条天皇が「荘園整理令」を発布してからは、院の許可が「荘園」を廃止されないための「お墨付き」となったため、院への「荘園」の寄進が激増した。つまり白河天皇の頃からは、譲位して「院」になれば、莫大な財力を手にする事ができ、しかも、その「院領荘園」を誰に譲るかの決定権を持つがゆえに、天皇に対する強い発言権をも有するようになったのである。

　こうした「院領荘園」は、「院」が政治の実権を握るための大きな力となったが、後に天皇家が分裂し、それぞれが交互に皇位に就いた「両統迭立《りょうとうてつりつ》」（Q51、52）の原因ともなっていった。

Q47 皇族が務めた「宮将軍」とは？

建保《けんぽう》7年（1219）、鎌倉幕府3代将軍の源実朝《さねとも》が、暗殺された。武士の棟梁である「鎌倉殿」の不在は、御家人《ごけにん》間に動揺を生む。しかし、だからといって関東武士団の中から後釜を選んだのでは、勢力争いから幕府が内部分裂を起こしかねない。そこで幕府は、皇族を将軍に迎えることを決め、京へ使者を送った。だが、この時、後鳥羽《ごとば》上皇は、実朝の死をきっかけに幕府が自壊することを期待していたため、皇子を送ることを拒絶。やむなく幕府は、九条道家《くじょうみちいえ》の子で源頼朝の妹の血を引く、わずか2歳の三寅《みとら》を「鎌倉殿」として迎え入れた。これが「摂家将軍」の藤原頼経《よりつね》である。

もともと頼経は、北条氏にとっての傀儡将軍に過ぎなかった。だが20年以上も「鎌倉殿」の座にあった頼経は、やがて一つの政治勢力として無視できない存在になっていく。そこで寛元《かんげん》2年（1244）、時の執権である北条経時《つねとき》は頼経の将軍職を解任し、頼経の息子の藤原頼嗣《よりつぐ》を将軍にすえた。だが建長《けんちょう》3年（1251）、頼嗣も謀反の嫌疑ありとして、将軍職を解かれて京へ追放されてしまう。代わって翌年、88代後嵯峨《ごさが》天皇の第一皇子、宗尊《むねたか》親王が、異母弟の89代後深草《ごふかくさ》天皇から征夷大将軍の宣旨を受け、初の「宮将軍（皇族将軍）」として鎌倉に迎え入れられた。この宗尊親王から、惟康《これやす》親王、久明《ひさあき》親王、守邦《もりくに》親王までの四人を、一般的に「宮将軍」と呼ぶ。

宗尊親王は和歌に長け、鎌倉歌壇の隆盛をもたらしたが、成人すると、やはり謀反の疑いをかけられ、京へ送り返された。後を継いだのは、宗尊親王の息子で、鎌倉生まれの惟康親王だった。惟康親王は、文永《ぶんえい》3年（1266）に征夷大将軍に就任し、その後、臣籍降下して源惟康となっており、実際は「源姓の将軍」として、ほとんどの将軍期をすごしている。惟康も、成人すると幕府に疎まれ、皇族に戻って親王宣下を受けた後、追い立てられるように京へ戻されている。3代目の「宮将軍」となったのは、後深草天皇の第6皇子の久明親王だった。和歌に優れた久明親王は、幕府の政治には一切介入せず、鎌倉歌壇の中心的存在としてのみ活躍した後、延慶《えんぎょう》元年（1308）、惟康親王の娘との間にもうけた守邦親王に将軍職を譲って、京に戻り出家した。そして、父の後を継いで8歳で征夷大将軍となった守邦親王は、元弘《げんこう》3年（1333）、後醍醐天皇の命を受けた新田義貞らによって、鎌倉幕府が滅びるのを見届けた後、将軍職を辞して出家。3か月後に死亡したという。

Q48 なぜ武家政権は天皇を滅ぼさなかったのか？

中国では、皇帝は「天命」によって定められるものだった。天に命じられて皇帝の地位にいるわけだから、徳を失って天に見放されれば、「革命（天命を革める）」によって、新たな「天命」を受けた皇帝が取って代わるのは、むしろ当然のこととされた。王朝の血統が変わるため、これを「易姓《えきせい》（姓が易わる）革命」とも呼ぶ。だが、日本では「易姓革命」は起こらなかった。日本の場合、天皇は「天命」によって定められるのではなく、その血統によって定められるものだったからだ。しかし、それでも、「天皇家が、何故現在まで続いてきたのか」という問いは、日本史上最大の謎だといわれる。

承久《じょうきゅう》3年（1221）、鎌倉幕府の執政・北条義時《よしとき》は、武家政権の支配者として、後鳥羽上皇の朝廷軍と戦った。『増鏡《ますかがみ》』によれば、この時、義時の息子の北条泰時《やすとき》が「天皇が戦いの場にいたら、どうしたらいいか」と問うと、北条義時は「その時は兜をぬぎ、弓の弦を切って降伏せよ。そうでなければ千人が一人になっても戦え」と答えている。つまり、この時代の武士の代表である義時には、「ただびと」となった上皇とは戦えても、天皇に弓引くことはできないという、「畏れ」があったといえる。おそらく義時にとって、武家政権が天皇に取って代わるなど、思いもよらないことだったのだろう。それは、後に鎌倉幕府が、天皇を誰にするかの決定権を持ったにもかかわらず、「宮将軍（皇族将軍）」を自分たちの棟梁として迎え入れていることでもわかる。

次の武家政権である室町幕府は、設立当初は基盤が強固でなく、自分たちの権威付けのために、天皇を必要としていた。それは、後醍醐天皇に追われて九州へ逃げた足利尊氏が、わざわざ光厳《こうごん》上皇の「院宣《いんぜん》」を求めてから反旗を翻したことや、「観応《かんのう》の擾乱《じょうらん》」で兄の尊氏と戦うことになった足利直義《ただよし》が、それまで敵対していた南朝の後村上天皇と手を組んだことなどからもみてとれる。どちらも単独の武家政権として立つだけの力がなく、天皇を推戴することによって、自分たちの正当性を示す必要があったのだ。

戦国時代の織田信長や、江戸幕府を開いた徳川家康は、足利氏ほど天皇の権威を必要としていたわけではない。それどころか保護者として、天皇を守護してさえいる。では、なぜ彼らは、天皇に取って代わろうと考えなかったのだろうか。おそらく、2千年近くも続いてきた「天皇」の永続性が持つ「権威」は、いくら武家が実質的な支配者となったとしても、そう簡単に消し去ることはできなかったのだろう。

Q 49

「錦の御旗」とはどんなもの？

戊辰戦争の際に「宮さん宮さんお馬の前にヒラヒラするのは何じゃいな　あれは朝敵征伐せよとの錦の御旗じゃ知らないか」と歌われた「錦の御旗」は、その歌詞のとおり、天皇（朝廷）の軍であることを示す軍旗である。赤地の錦に金色の円形模様が描かれた旗を思い浮かべた人も多いかもしれない。だが、これは、幕末に玉松操《たままつみさお》がデザインしたとされ、「日月旗《にちげつき》」をベースにしている。「日月旗」は、朝廷の色である赤の錦地に、日と月を示す丸い金銀を描いた、二旒でワンセットのもので、もともとは天皇の所在を示す旗であり、その鳳輦《ほうれん》の傍らに置くべきものだった。配下の将に与える軍旗ではない。

じつは、「錦の御旗」に、決まったデザインがあるわけではないのだ。最初に「錦の御旗」を使用したのは、後鳥羽上皇で、承久3年（1221）に起こった「承久の乱」の際だとされるが、『承久兵乱記』によれば、この時、上皇が十人の配下に賜った「錦の御旗」は、「赤地の錦に領布《ひれ》と金剛鈴《こんごうれい》を結い付けて、中には不動明王・四天王（持国《じこく》天・増長《ぞうじょう》天・広目《こうもく》天・多聞《たもん》天）を表し奉りたる御旗」だったという。

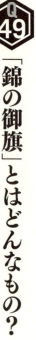

Q50 在位2か月の天皇に何があった？

日本史上、その在位期間が最も短い天皇は、85代仲恭《ちゅうきょう》天皇である。父親は、後鳥羽天皇の第3皇子の84代順徳《じゅんとく》天皇で、承久3年（1221）4月20日、順徳天皇から強引に譲位され、4歳に満たない年齢で天皇となった。この年は、鎌倉幕府3代将軍の源実朝が暗殺された2年後で、実朝の死を好機として幕府を攻め、幕府の手から朝廷に権力を奪い返そうとする後鳥羽上皇と、北条義時、政子らを中心とする東国御家人集団の間で、緊張が高まっていた頃だった。順徳天皇は幕府討伐に積極的で、天皇の身分のままでは自由に行動できないからと、息子に譲位して上皇となったのである。そして、譲位からわずか1か月後の5月24日、後鳥羽上皇・順徳上皇らと鎌倉幕府との間で「承久の乱」が起こった。だが、戦いは上皇側の呆気ない敗北に終わり、仲恭天皇は幕府によって廃位された。その在位期間は、わずか78日。その在位期間があまりにも短かったため、即位礼も大嘗祭《だいじょうさい》（Q85）も行われず、諡号も定められなかった。仲恭の諡号は、明治3年（1870）に明治天皇によって定められたもので、それまでは半帝、九条廃帝などと称されていた。

Q51 天皇の即位に幕府の承認が必要だった？

後鳥羽上皇が、鎌倉幕府の執政・北条義時を討つべく兵をあげた「承久の乱」は、わずか1か月ほどで幕府軍の勝利に終わった。首謀者である後鳥羽上皇と順徳上皇は、それぞれ隠岐島と佐渡島に流され、土御門上皇も、自ら望んで土佐国へ配流となった。

さらに幕府は、仲恭天皇を廃し、後鳥羽上皇の弟で、当時出家して行助法親王《ぎょうじょほっしんのう》となっていた守貞親王の子、茂仁王をあらたな天皇として即位させた。これが86代後堀河《ごほりかわ》天皇であり、武家政権である幕府が、天皇の即位に介入したはじめでもある。

後堀河天皇と、続く四条天皇が若くして亡くなってしまったため、朝廷は幕府に、順徳上皇の子で、仲恭天皇の異母弟にあたる、忠成王《ただなりおう》を即位させたいと願った。だが幕府は、「承久の乱」の首謀者の子に皇位を継がせることは認めず、挙兵に反対していた土御門上皇の子である邦仁王《くにひとおう》（後嵯峨天皇）を即位させた。

後嵯峨天皇は、寛元4年（1246）、4歳の息子の久仁《ひさひと》親王（後深草天皇）に譲位するが、正元《しょうげん》元年（1259）には、後深草天皇の弟で、寵愛していた恒仁《つねひと》親王（90代亀山天皇）を天皇に立てた。しかも後嵯峨上皇は、次の天皇を亀山系に継がせるか、後深草系に継がせるかを決めかね、幕府に一任して崩御してしまう。これ以降、誰を次期天皇にするか、幕府が決定することになる。

幕府はこの時、亀山系を正統として、91代後宇多《ごうだ》天皇を立てたが、これに失望した後深草天皇が出家すると言い出したため、後深草天皇の子の熙仁《ひろひと》親王（92代伏見《ふしみ》天皇）を後宇多天皇の皇太子とし、次期天皇として即位させることにして、その場を収めた。しかし、そのため天皇家が、亀山系の大覚寺《だいかくじ》統と後深草系の持明院《じみょういん》統の2系統に分裂し、それぞれが交代で天皇に即位する、「両統迭立」がはじまることになる。

承久の乱後の天皇の継承順

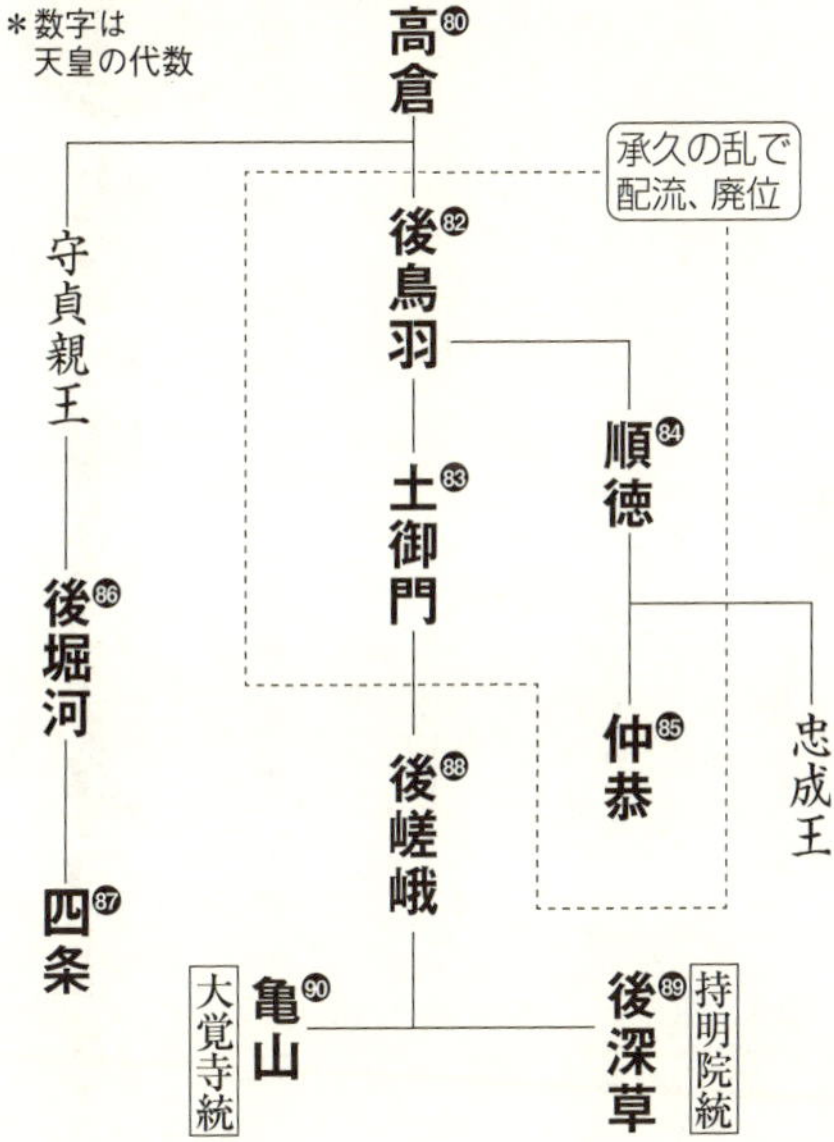

Q52 南北朝時代になぜ朝廷は二つに分裂したのか？

後醍醐天皇、後村上天皇、長慶天皇、後亀山天皇の4代天皇の南朝と、光厳天皇、光明天皇、崇光《すこう》天皇、後光厳《ごこうごん》天皇、後円融《ごえんゆう》天皇、後小松天皇の6代天皇の北朝が、たがいに分かれて正統を主張し合ったのが、南北朝時代である。

皇統が分かれた遠因は、鎌倉幕府が、後深草天皇の持明院統と亀山天皇の大覚寺統、それぞれから順番に天皇を出す「両統迭立」を決めたことにある。両統が対立する中、邦良《くによし》親王を天皇にするための妥協案として、「中継ぎ」で後醍醐天皇が即位することになった。ところが「中継ぎ」のはずの後醍醐天皇は、自らの息子に皇位を継がせるため、鎌倉幕府の倒幕を計画する。その倒幕計画が幕府の知る所となり、「元弘の乱」で敗れた後醍醐天皇は隠岐島に流され、鎌倉幕府は、持明院統の後伏見天皇の子、量仁《かずひと》親王を立てて光厳天皇とした。しかし鎌倉幕府は、配流先の後醍醐天皇の綸旨《りんじ》を受けた、足利高氏（尊氏）や新田義貞によって滅ぼされてしまう。後醍醐天皇は京に戻り、光厳天皇の即位を否定し、「建武の新政」を開始した。この「新政」がうまくいけば、朝廷が分裂することはなかったの

南北朝分裂の時代

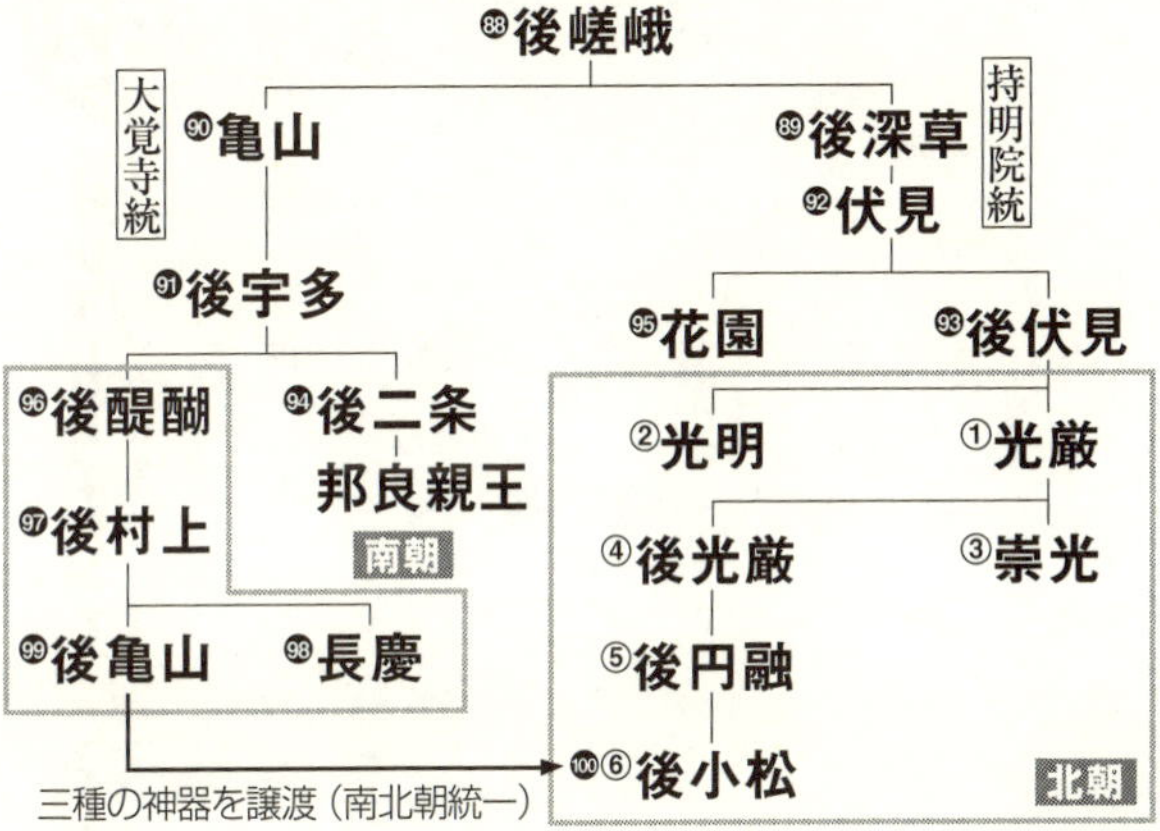

＊数字は天皇の代数

だが、武家たちの不満を吸収できなかった「新政」は破綻し、後醍醐天皇は足利尊氏に敗れ、尊氏の奉じる光厳上皇の「伝国詔《でんこくしょう》宣《せん》」によって、光明天皇が即位した。一度は光明天皇の即位を認め、上皇となった後醍醐だが、京から吉野へ逃げると、自身が正統な天皇だと主張。ここに後醍醐天皇の南朝と、光明天皇の北朝が並立することになる。

朝廷が二つに分裂するという異常事態は、事の発端である後醍醐天皇さえ亡くなれば、終息するはずだった。しかし、その死後、「観応の擾乱」と呼ばれる室町幕府内での争いが起こったため、この異常事態は結局、56年もの間、続くことになった。

Q 53 「菊の御紋」はいつから使われている？

天皇家の紋章と聞いて、すぐに思い浮かぶのは、16枚の菊の花びらが二重になった、「菊の御紋」だろう。「菊の御紋」というのは俗称で、正式名は「十六八重表菊《じゅうろくやえおもてぎく》」という。だが、これが正式に天皇家の紋章とされたのは、意外にも明治になってからで、制度として正式に定められたのは、大正15年（1926）の「皇室儀制令」からなのである。「皇室儀制令第2章」には、「天皇、太皇太后、皇太后、皇后、皇太子、皇太子妃、皇太孫、皇太孫妃の紋章は、十六葉八重菊形とする」「親王、親王妃、内親王、王、王妃、女王の紋章は十四葉一裏菊形とする」とある。

ただ、日本で、菊の花が吉祥文様として好まれるようになったのは平安時代で、これは9月9日の「重陽の節句」に、菊花酒を飲んで長寿を願ったことから流行したとされる。その後、鎌倉時代の後鳥羽上皇が、殊に菊の花を愛して自身の「印《しるし》」とし、さらに後深草天皇、その弟の亀山天皇、その息子の後宇多天皇なども、菊を自らの「印」として愛用したため、慣習として、天皇家の紋章として使われるようになったのである。

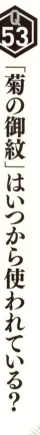

Q54 歴代最多の改元をした天皇とは？

天皇在位中、最多の改元を行ったのは室町時代の１０２代後花園《ごはなぞの》天皇である。最初の改元は、正長《しょうちょう》２年（１４２９）の改元で、これは天皇の代替わりにともなう「代始改元」だった。「永享《えいきょう》」と改められた元号は10年以上続いたが、辛酉の年にあたる永享13年（１４４１）、「辛酉革命」に基づき「嘉吉《かきつ》」と改元された。その３年後、今度は甲子の年の「甲子革令」の考えに基づき「文安《ぶんあん》」と改元。しかし文安年間は、彗星の出現や疫病の流行、一揆などがあり、そうした社会不安を鎮めるため「宝徳《ほうとく》」と改元された。さらに宝徳４年（１４５２）は、陰陽道でいう「太歳《たいさい》、太陰《たいいん》、客気《かっき》」の３神が合い、厄災が多いとされる「三合の厄」の年であったため、この厄災を避ける意味で「享徳《きょうとく》」と改元された。だが、戦乱が続いて政情不安は収まらず、享徳４年（１４５５）、幕府からの申し入れにより「康正《こうしょう》」と改元された。２年後には、干ばつにより「長禄《ちょうろく》」と改元するも、凶作と飢饉は続き、３年後には、さらに「寛正《かんしょう》」と改元された。そして寛正５年（１４６４）、後花園天皇は息子に譲位して上皇となった。在位期間中の改元は、実に８回にも及んでいる。

Q 55

「世襲親王家」とは何か？

「世襲親王家」とは、鎌倉時代後期に創設された、「親王」の身分を世襲する家のこと。宮家の源流にあたる。当主は代々「親王宣下《せんげ》」を受けて親王を名乗り、宮家を継承していった。

そもそも「親王」とは天皇の兄弟・皇子を指す呼称だったが、平安時代には天皇の皇子のうち特定のものだけを「親王」とするようになった。これを「親王宣下」という。親王宣下を受けないと親王を名乗れなくなったのだ。ちなみに親王になれなかった皇子は賜姓《しせい》(臣籍降下した皇族が天皇から姓を賜ること）されたり、出家させられたり、摂関家の養子とされたりした。

親王宣下の対象は皇子だけでなく皇孫・皇曾孫にも拡大していき、鎌倉時代後期には常磐井宮《ときわいのみや》・木寺宮《きでらのみや》などの世襲親王家が成立。それまでの特定の個人に対する呼び名の「宮」が家号となったのだ。しかし、これらの宮家は室町時代中・後期には消滅していった。

江戸時代になると、世襲親王家の代々の継承者は天皇または上皇の「猶子《ゆうし》」（養子）となった上で親王宣下を受け、宮家を継承していった。

四親王家と今上天皇のつながり

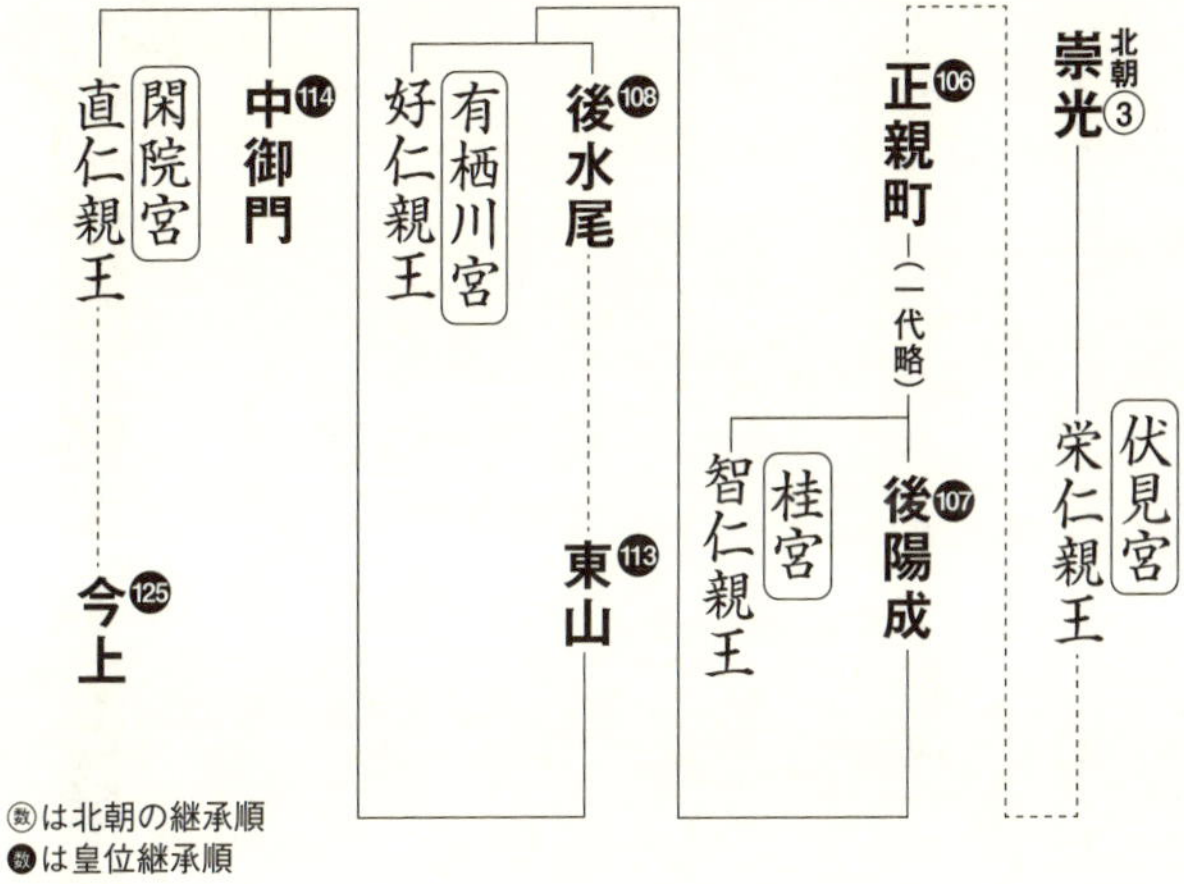

江戸時代に存在した世襲親王家は伏見宮・有栖川宮・桂宮・閑院宮《かんいんのみや》の四家で、「四親王家」と呼ばれた。四親王家のうち最も古いのが伏見宮。南北朝時代の北朝・崇光天皇の第一皇子である栄仁《よしひと》親王を祖とし、550年存続した。

世襲親王家の目的の一つは、安定的な皇位継承だ。伏見宮家からは室町時代に後花園天皇が即位し、皇統の断絶を防いでいる。皇統の維持に世襲親王家が一役買っていたのだ。今上天皇は閑院宮の系統に連なる。世襲親王家の制度は、明治22年（1889）に制定された旧皇室典範により廃止。皇族の「養子」の制度を廃止したため、継承者のいない親王家は廃絶した。

Q56 天皇と将軍が同居していた時期がある？

室町時代、応仁の乱の戦火を避けて後花園上皇と１０３代後土御門《ごつちみかど》天皇が将軍の邸宅である花の御所（室町殿）に避難している。花の御所は仮の内裏として整備され、天皇・上皇と将軍が同じ邸内で同居することとなった。

応仁の乱は管領《かんれい》・畠山氏の家督争いをきっかけに諸大名が東西両軍に分かれ、京都市街を主戦場として約10年もの間続いた争乱。応仁《おうにん》元年（１４６７）8月、西軍に加勢するため3万もの大軍を率いて大内政弘《おおうちまさひろ》が上洛すると、これを知った東軍は後花園上皇と後土御門天皇を花の御所へ移した。すでに室町幕府8代将軍・足利義政《よしまさ》を確保していた東軍が、西軍に天皇・上皇を奪われないようにするための措置でもあった。

この混乱の中、後花園上皇は出家。かつて自ら発給した畠山政長《まさなが》への治罰《ちばつ》の綸旨《りんじ》が諸大名間の家督争いを激化させ、大乱勃発の発端となったことに責任を感じたためといわれる。後花園法皇は応仁の乱勃発から3年後、中風のため花の御所で崩御。後土御門天皇がようやく土御門内裏へ移ったのは、応仁の乱が終息して2年後のことだった。

Q57 戦国時代は財政難で葬式費用もなかった？

応仁の乱が勃発してからというもの、幕府からの支援を断たれた朝廷はますます窮乏化していった。公家たちも戦火を逃れて地方へ下向し、朝廷の権威は失墜。この厳しい環境の中、天皇の位にあったのが後土御門天皇だ。

即位して3年後に応仁の乱が勃発した後土御門天皇。この時代、天皇は早い段階で皇太子に天皇位を譲り、自らは上皇となることが普通だった。しかし、土御門天皇は何度も譲位を希望しているにもかかわらず、希望がかなうことはなかった。天皇の即位の儀式には莫大な費用がかかるため、譲位を行うことができなかったのだ。

明応《めいおう》9年（1500）、後土御門天皇が亡くなると御入棺の儀が執り行われた。ところが、葬儀が行われたのは亡くなってから43日も経過した後のことだった。その理由はやはり財政難のため。もはや朝廷の財力では葬儀費用も調達できず、武家方から支給されてようやく最小限の費用で執り行う見通しがたったという。当時の公家の日記『後法興院記《ごほうこういんき》』には、「こんなに葬儀が遅れた例はいまだない」と記されている。

Q58 南北朝期から江戸初期まで皇后不在の理由とは？

南北朝時代の後醍醐天皇の二人目の中宮である珣子《じゅんし》内親王（後伏見天皇の第一皇女）以降、江戸時代初期までの約300年間、天皇や皇太子の「正妻」である皇后や中宮は立てられていなかった（ただし、南朝の長慶天皇には中宮がいたとされている）。

天皇に「正妻」がいなかった理由は、皇后を立てる（立后）儀式を挙行するだけの費用が朝廷にはなかったから。立后すると中宮職という役所を設立し、天皇家と同じ組織を持たせる必要がある。当時、朝廷にはそれを設立・維持するだけの財力がなかったのだ。

さらに、娘を皇后として差し出す公家にも経済的問題はのしかかっていた。皇后を出す「家」は高い家格をもつトップクラスに限られていたが、当時、上流公家といえども財政状態は芳しくなかった。天皇・皇后を外戚として支える経済的余裕がなかったため、娘を積極的に入内させる動きが生まれなかったのだろう。皇后や中宮が不在の間は、後宮女官が天皇の配偶者の地位にあった。立后の復活は、江戸時代の寛永《かんえい》元年（1624）、108代後水尾《ごみずのお》天皇の時まで待たなければならなかった。

Q59 江戸時代の天皇の石高はどれくらいか？

江戸時代の天皇の石高は、幕府から与えられた禁裏御料と呼ばれる3万石のみ。禁裏御料は幕府が朝廷に与えた領地で、幕府の役人である京都代官が管理していた。3万石は小大名クラスの石高で、主に天皇の生活費として使われたという。最初は徳川家康から与えられた1万余石のみだったが、2代将軍の秀忠から1万石、5代将軍の綱吉から1万石ずつ加増され、幕末まで3万石が継承された。天皇は独自の領地を持っておらず、いわば幕府に養ってもらっている状態だったのだ。

また、朝廷が所有する領地としては、その他に公家領7万石がある。江戸時代の公家には所領を有する者とそうでない者がおり、所領持ちの8割近くが100石から300石の公家で占められ、所領を持たない公家は禁裏から蔵米を与えられていた。

朝廷の石高は禁裏御料と公家領を合わせて10万石のみ。これは幕府の直轄領（幕領）約400万石の約2・5％でしかなかった。ちなみに同じ幕領である寺社領は約40万石、大名領は約2250万石、旗本知行地は約300万石である。

Q60 後水尾天皇が幕府から受けた屈辱とは？

後水尾天皇は江戸時代初期に即位した天皇。当時、様々な法令で支配を強化していた江戸幕府に抵抗した天皇として知られる人物だ。

後水尾天皇の即位から4年後の元和《げんな》元年（1615）、江戸幕府は天皇と公家の行動を規制するため、禁中並公家諸法度を制定。こうした中で起きたのが「紫衣《しえ》事件」だ。「紫衣」とは徳の高い僧に贈る紫色の僧衣のこと。この紫衣を贈るには天皇の勅許が必要で、朝廷にとっては収入源の一つだった。しかし、幕府が定めた禁中並公家諸法度の中には「紫衣着用の際はあらかじめ幕府に知らせること」という規定も含まれていた。

不満を抱いた後水尾天皇は、これまでの慣例どおり幕府の了解を得ずに大徳寺などの僧侶に紫衣着用を許可してしまう。これを違法だとした幕府は勅許を無効に。さらに幕府の対応に抗議した大徳寺の僧・沢庵《たくあん》らを流罪にした。つまり、幕府は後水尾天皇の行動が悪いことだとし、幕府の法が天皇の許可に優先することを示したのだ。面目を潰された後水尾天皇は、紫衣事件の後、徳川家に何の相談もなく退位してしまった。

Q61 「禁中並公家諸法度」により天皇や朝廷はどうなった？

元和元年（1615）、大坂夏の陣により豊臣氏が滅んだ直後、江戸幕府は本格的に朝廷の統制に乗り出した。「禁中並公家諸法度」の制定だ。

17条からなる「禁中並公家諸法度」は、皇室・公家・門跡《もんぜき》（皇族・貴族が住職を務める寺院）のあり方などについて規定した法令。その第1条は、「天子諸芸能の事、第一御学問なり」からはじまる。天皇（天子）は学問だけに打ち込むこととし、その権限を年号や暦の制定など、形式的なことだけにとどめたのだ。他にも、勝手に武家に官位を与えないことなどが定められ、朝廷の権威に対して武家の権威が上回ることが強調された。歴史上はじめて、武家の定めた法により天皇の行動を規定したのである。

また、幕府は天皇や公家の生活も規制した。1650年頃を最後に、火事などの場合を除き、天皇が御所の外へ出ることは幕末まで認められなかった。朝廷に厳しい統制を行った「禁中並公家諸法度」は、諸大名の統制のため同年に定められた「武家諸法度」と違い、幕末まで改定されることはなかった。

Q62 近代天皇制の下地をつくった光格天皇の功績とは？

光格天皇は江戸時代後期の安永《あんえい》8年（1779）に即位した119代天皇。幕府と衝突しながら中世以来絶えていた神事の再興や朝権の回復に努め、明治以降の近代天皇制に移行する下地をつくった天皇だ。

後桃園天皇の崩御に伴い、9歳で傍系の閑院宮家から「養子」として即位した光格天皇は、今上天皇から6代前の、現在の天皇家の祖にあたる。傍系から即位した光格天皇は自身の権威を高めるため学問に励み、天皇のあるべき姿に高い理想を抱いた。

天明《てんめい》の大飢饉が起こると、京都では御所のまわりに民衆が集い救済を求めた。朝廷は京都所司代に民衆の救済を申し入れ、救い米千石が放出されることになった。民衆救済という幕府の政務にかかわる申し入れを朝廷が行ったことは、極めて異例なことだった。

その後、天明8年（1788）に大火で御所が焼失すると、再建を渋る幕府に平安期の復古様式で御所を新造させ、幕府との連絡・交渉を朝廷を敬う方式に改めさせた。また、応仁の乱から戦国時代にかけて衰退していた宮中祭祀や儀礼を復興。大嘗祭や新嘗祭《にいなめさい》など

作詩や音楽にも長じた光格天皇（東京大学史料編纂所所蔵模写）

現代に通じる重要な儀式を盛んに復活させたのだ。

一方で、実父・典仁《すけひと》親王へ太上天皇の尊号を贈ろうとして、老中・松平定信に阻止される（尊号一件）。しかし、「天皇」号の再興は光格天皇の没後に実現した。それまで約800年間、天皇は「○○院」と呼ばれていたが、天皇を讃える「諡号」（死者におくる名）の一部として「天皇」号が復活したのだ。朝廷の権威向上に執念を燃やした「光格天皇」は、「天皇」号の復活第一号となった。

光格天皇が主導した天皇の政治的・思想的な権威の強化は、明治以降の近代天皇制へ引き継がれていった。

Q63 孝明天皇毒殺説は本当か?

戊辰戦争が勃発する約1年前の慶応《けいおう》2年（1866）12月、121代孝明《こうめい》天皇は36歳の若さで崩御した。その死因については直後から病死説と毒殺説が唱えられていた。

16歳で皇位を継いだ孝明天皇は徹底した外国人嫌いだったが、極端な尊王攘夷を掲げる長州藩を嫌い、幕府とは協力関係を築いた人物。妹の和宮《かずのみや》を14代将軍・徳川家茂《いえもち》に降嫁させ、幕府との結びつきが強まることを望んでいた。

孝明天皇は病に伏した後、一時快方に向かっていたが容態は急変。天然痘による病死とされたが、その直後から毒殺説がささやかれるようになる。イギリスの外交官アーネスト・サトウは「内情を知る日本人から帝の毒殺について聞いた」と記している。天皇毒殺の黒幕と考えられたのは公家の岩倉具視。孝明天皇の下では倒幕が不可能なことが、天皇毒殺の強い動機になったというのだ。しかしその後、医師たちから孝明天皇の側室である中山慶子《よしこ》（明治天皇の母）へ「数日中が山場である」と説明した書簡を発見。これにより毒殺説は下火になったが、天然痘の感染源など、謎はいまだ残されている。

Q64 将軍家菩提寺の主はなぜ皇室から選ばれたのか？

東京都台東区にある寛永寺は、寛永2年（1625）、江戸幕府3代将軍・徳川家光によって創建された徳川家の菩提寺だ。寛永寺の初代貫主《かんしゅ》（住職）は家康、秀忠、家光の徳川三代に仕えた天海で、寛永寺は幕府内で絶大な権力を握っていた天海の勧めによって創建されたという。

天海の死後、3世貫主となったのが後水尾天皇の第6皇子である守澄《しゅちょう》法親王だ。法親王は輪王寺宮《りんのうじのみや》の号を賜り、以後、皇族が寛永寺の貫主を務めた。歴代の輪王寺宮は日光門主・天台座主《ざす》を兼ね、絶大的な宗教的権威となった。

幕府は3世貫主をめぐり、かねて守澄法親王に貫主に就くことを要請していたという。一説によると、西国で天皇を担いだ反幕府勢力が起こった場合、寛永寺貫主を天皇に擁立して徳川家を「朝敵」とさせないための措置だとする。

強大な権勢を誇った寛永寺だが、戊辰戦争では多くの伽藍を焼失。最後の輪王寺宮である北白川宮能久親王《きたしらかわのみやよしひさ》は明治維新後に還俗し、陸軍軍人となった。

Q65

平安時代から続く髪型を変えたのは明治天皇？

江戸時代まで天皇や公家の男子の髪型は「髻《もとどり》」が一般的だった。長髪を後ろでまとめて上に向けてピンと立てたような形で、古代ではその上に冠や烏帽子を着用していた。月代《さかやき》を剃ることが一般化したのは江戸時代になってからで、武士も庶民も月代を剃ったが、天皇や公家、神官などは月代を剃らず「総髪」としていた。

16歳で即位した明治天皇も、当初は古式ゆかしい宮廷風俗に従っていたようだ。外交デビューした英国外交団との謁見では冠をかぶり、公家・皇族の決まりであるお歯黒をしている姿が記されている。

明治元年（1868）、明治天皇は京都の公家社会を離れて東京に移った。文明開化を推し進める明治政府は明治4年（1871）、「散髪脱刀令」を布告して断髪を奨励。明治天皇が断髪したのはその2年後の明治6年（1873）のことだった。古来より続いてきた髻を落とした明治天皇の行いは、庶民に大きな影響を与えた。散髪脱刀令後も髷《まげ》に執着する人が多かったが、これを機に庶民の間で断髪する人が続出したという。

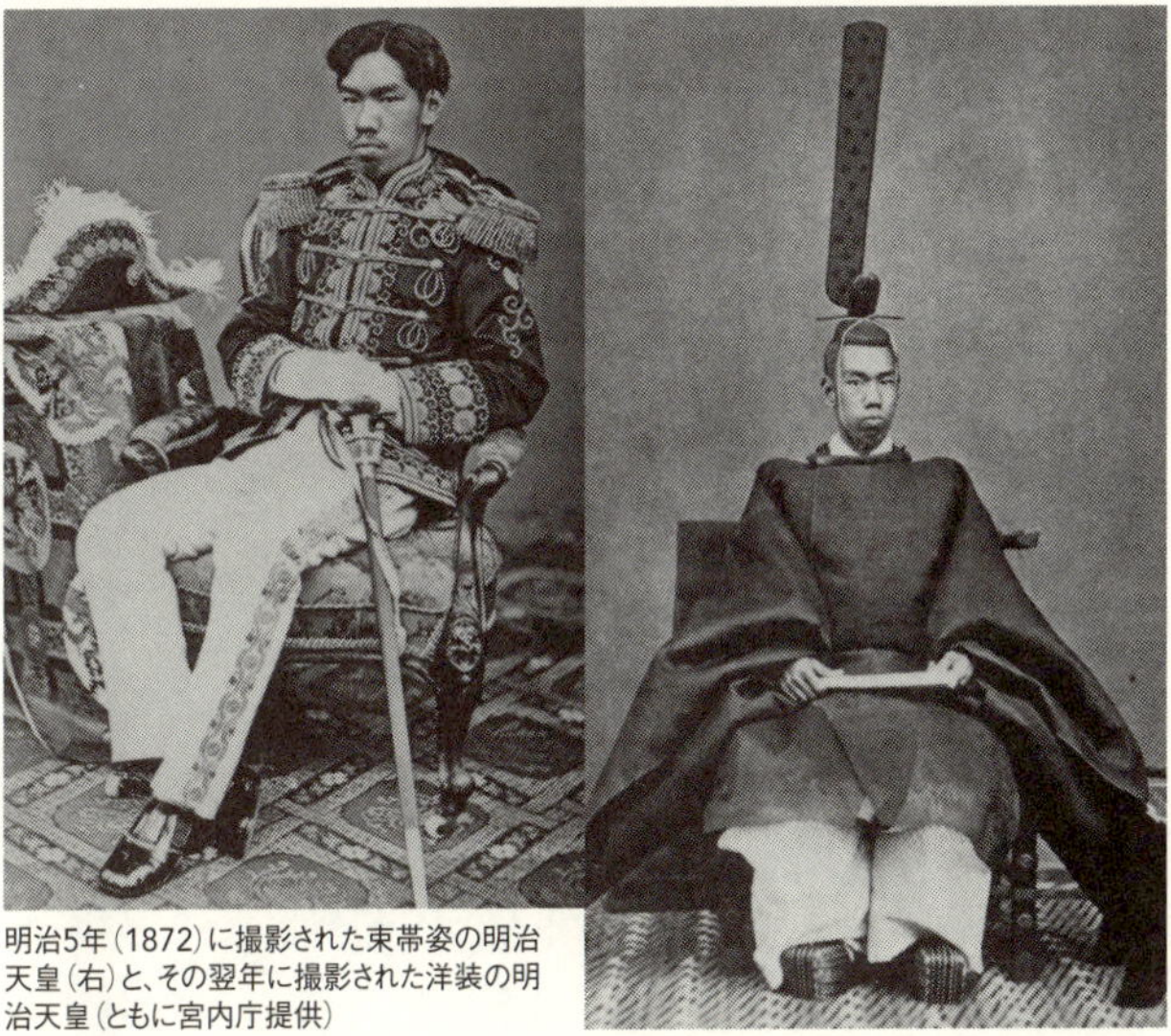

明治5年（1872）に撮影された束帯姿の明治天皇（右）と、その翌年に撮影された洋装の明治天皇（ともに宮内庁提供）

明治天皇が洋装に切り替えたのも、断髪した頃のようだ。以前の天皇が決して人前に姿を見せなかったのに対し、明治天皇は文明開化の象徴となり全国への巡幸や「御真影《ごしんえい》」で国内外にその存在をアピールしていった。その一方で、幼少から漢文古典に親しみ、倫理道徳を大切にする保守的な人物だったとも伝えられる。

また積極的に政治にかかわり立憲国家・近代国家確立に献身したが、基本的に他人と会うのが嫌いだったという意外な一面も伝えられている。文明開化の象徴でありながら、王政復古の象徴であった明治天皇の、複雑な二面性の表れなのかもしれない。

Q66 大正天皇の「遠眼鏡事件」の真相とは？

在位期間が14年と短く、精神状態に問題があったのでは、という憶測が飛び交う大正天皇。その有名なエピソードが「遠眼鏡事件」だ。

遠眼鏡事件とは、帝国議会の開院式で詔勅を読み上げた大正天皇が、持っていた詔書をくるくると巻いて遠眼鏡のようにして議員席を見回したというもの。大正天皇の奇行の一例として流布されている。

しかし、この事件がいつ起こったのかなどは不明であり、真偽は定かではない。幼い頃から病気がちだった大正天皇は、即位したことで膨大な政務におわれて体調が悪化。大正3年（1914）頃には発語障害が生じ、勅語を朗読することが困難だったとも伝えられる。その5年後には歩行障害が生じ、ついに大正10年（1921）、宮内省（当時）より天皇の病状について発表が行われた。

この時、天皇の病状について「陛下は御幼少の時、脳膜炎様の疾患に罹らせられ」と説明されたことが、天皇は脳に疾患を抱えており精神状態に問題があるという流説のもとに

東宮時代、青山御所にて迪宮（みちのみや／昭和天皇）、秩父宮と一緒に写る大正天皇（右端）。大正天皇が手を引いているのが迪宮である（宮内庁提供）

なったようだ。

遠眼鏡事件についても手先が不器用になっていた大正天皇が、詔書がうまく巻けたかどうかを気にして、手に取って中を覗き込んだのではと推測されている。それが大正天皇の奇行を表すエピソードとして流布していったのだろう。

思ったことはすぐに口にしてしまうという性癖があったが、天皇自身は家庭的で健全な側面を持っていたことが近年指摘されている。皇室として初めて一夫一婦制を確立したのも大正天皇だ。皇太子であった昭和天皇と鬼ごっこや映画鑑賞を楽しみ、家族水いらずの時間を過ごしたことも伝えられている。

Q67 「天皇機関説」と「天皇主権説」とは？

「天皇機関説」とは、明治時代末期、憲法学者の美濃部《みのべ》達吉《たつきち》によって唱えられた憲法学説。当時の大日本帝国憲法は、国家の主権は天皇にあるとした立憲君主制に基づくものだった。この憲法に則って政治を進めるにあたり、「国家を法人とみなし、天皇をその最高機関と位置付ける」「天皇の主権は憲法の制約を受ける」とした憲法解釈が「天皇機関説」だ。つまり、統治権の主体は国家であり、国家の元首である天皇はその最高機関に過ぎないという考えである。この学説は明治末期から学界の定説となっており、伊藤博文ら政府首脳もそのように解釈してきた。

ところが国会での質疑をきっかけに、右派の政治活動家や軍人らによる徹底的な攻撃を受け、「天皇機関説」は抹殺されていく。日本が戦争へと突入していく真っただ中の昭和10年（1935）、軍人出身の貴族院議員だった菊池武夫が本会議で「天皇機関説は国体に反する緩慢なる謀反」と発言し、「美濃部は学匪《がくひ》」と批判。これが発端となり、軍部や国家主義グループは「統治権の主体は国家ではなく、天皇にある」という「天皇主権説」を展開。

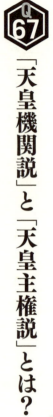

天皇機関説を不敬な学説だと決めつけた。

糾弾される当事者で「機関説」を唱えた美濃部は、貴族院議員で憲法学の最高峰といえる人物だった。内閣が事態を収拾しようとしたのに対して、美濃部は2度にわたる弁明を論理的に行ったが、逆に感情に強く訴えながら攻撃する勢力の火に油を注いでしまう。自説の正当性を信じる信念と論理性が、政治的駆け引きの場では裏目に出てしまったのだ。

当時の岡田啓介内閣は軍・右翼の圧力に屈し、「天皇が統治権の主体であり、日本は天皇の統治する国家である」とする「国体明徴声明《こくたいめいちょうせいめい》」を発表した。これにより美濃部は貴族院議員を辞任。結果、軍部は大日本帝国憲法にある、天皇が陸海軍を統帥すると定めた統帥権を笠に着て政治的主導権を手に入れた。

政界を揺るがした弾圧事件「天皇機関説事件」の当時、昭和天皇自身は天皇機関説を支持していたとされる。平成26年（2014）に発表された『昭和天皇実録』でも、「天皇機関説排撃のために自分が動きのとれないものにされることは精神的にも身体的にも迷惑である」と苦言を呈している。こうして日本の立憲政治は骨抜きにされ、軍部が主導する軍国主義国家への道を突き進んでいったのだ。

Q68 皇居につくられた防空壕とは？

昭和20年（1945）8月、昭和天皇はポツダム宣言を受諾し終戦を「聖断」した。その舞台となったのが皇居の防空施設「御文庫《おぶんこ》附属庫」だ。

日米開戦前の昭和16年（1941）、大本営会議などを開くため軍は「御文庫附属庫」を建設。その翌年、約100メートル南西に地上1階、地下2階の昭和天皇の防空用住居「御文庫」（現・吹上大宮御所）が完成した。「御文庫」の名称は、防空施設であることを隠すための隠語だという説もある。

御文庫附属庫は厚さ3メートルのコンクリートの壁で囲まれ、その大きさは29メートル×27メートルのほぼ正方形。会議室の広さは60平方メートルで、外側には厚さ30センチの鉄製の扉、内側には木製の扉があった。この会議室で天皇の出席のもと、元老・主要閣僚・軍部首脳などによる最高会議「御前会議」が開かれたのだ。

戦局が悪化した昭和18年（1943）1月から昭和天皇は毎日、御文庫で寝起きするようになる。戦争末期の昭和20年に御文庫と御文庫附属庫は地下トンネルで結ばれ、空襲警

御文庫附属庫の会議室。ポツダム宣言受諾に関する御前会議が行われた（宮内庁提供）

報のたびに約135メートルの地下通路を通って附属庫に避難したという。

終戦直後に補強工事が行われたトンネルは戦後間もなく埋められ、附属庫は現在まで手を加えられないまま残されている。戦時中、重要な国策決定の舞台となり歴史の転換点を見守った附属庫だが、70年間、維持管理は一切行われず放置されてきたのだ。これは代々の宮内庁幹部の間で、「維持管理は無用」という昭和天皇の考えが引き継がれてきたためだという。平成27年（2015）に宮内庁が50年ぶりに公開した附属庫の様子は激しく劣化が進み、すっかり朽ち果てていた。今後、定期的に記録は残すが補修などはしないという。

Q69 戦時中には皇族も疎開していた？

サイパン陥落で日本全土がB29の爆撃にさらされることになると、皇居にも空襲の警報が届くようになった。昭和天皇はそのたび、三種の神器とともに地下室に避難。昭和20年（1945）5月、皇居内の当時の宮殿が焼け落ち、同年7月には沼津御用邸（静岡県沼津市）の本邸も焼失した。

皇太子であった今上天皇は、その前年の昭和19年（1944）、学習院初等科の同級生らとともに沼津御用邸へ疎開していた。その後、栃木・日光、奥日光・湯元温泉へと移動。皇太子が山側へ転々と移動したという行程は、日本がいかに厳しい状況に追い詰められつつあるかということも示していた。

当時は疎開先でも食糧事情が悪化し、今上天皇も戦場ヶ原などで木の実や野草を採って空腹をしのいだという。そして昭和20年8月15日、当時11歳だった今上天皇は日光湯元・南間ホテル（現在は廃業）で昭和天皇の玉音放送を聞いた。終戦後、昭和天皇は疎開先の今上天皇に宛てて、次のような手紙を送ったという。

疎開先の日光で、軍艦の模型を手にする幼い頃の今上天皇と常陸宮（宮内庁提供）

「戦争を続ければ三種の神器を守ることもできず、国民をも殺さなければならなくなった。涙をのんで国民の種を残すべくつとめたのである」

軍の統帥者として重い責任を背負いながら、戦争に向き合った昭和天皇の苦しい心境がつづられている。

「終戦後、東京に戻った時に一面の焼け野原だったことを覚えています」と昭和49年（1974）の会見で言及した今上天皇。天皇の位置付けの変化とともに、暮らしぶりも大きく変わり、東京・小金井で学習院中等科時代を過ごしながら、時折、自らクワを手にジャガイモやイチゴづくりに取り組むこともあったという。

Q 70 戦後に天皇制はどう変わったのか？

敗戦後の昭和21年（1946）、昭和天皇は詔書の中で自らの神性を否定した。いわゆる天皇の「人間宣言」だ。その翌年、日本国憲法が施行され、天皇は日本国及び日本国民統合の「象徴」であり、国政に関する機能を有しないとする「象徴天皇制」となった。

それ以前、明治以後から第二次世界大戦の終戦に至るまでの天皇は、「元首以上の地位」にあり、精神のよりどころともいえる存在だった。大日本帝国憲法で「神聖」にして「侵スベカラズ」と絶対的な存在とされた天皇は、国政のすべての権限を与えられていた。立法、行政、司法はもちろんのこと、軍隊を率いる「統帥」も天皇の権利とされた。

とはいえ、天皇がすべてのことを事細かに決定することはなく、政治の一線から一歩引いた存在だった。大正から昭和初期にかけては「累《るい》（かかわりあい）を皇室におよぼさず」が政治道徳とされ、天皇に直接政治にかかわらせないことが「天皇の神聖不可侵」を守ることだとされた。実質的な天皇の「象徴」化だ。

こうした中、軍部は次第に独立性を主張し、「統帥権の独立」をたてに単独行動を正当化。

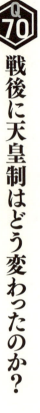

天皇陛下の軍隊は他のどこからも指示は受けない、ということだ。軍事行動が引き起こされる中、天皇の「大元帥」のイメージは拡大していった。

敗戦後、連合国軍最高司令官総司令部（ＧＨＱ）は日本の軍国主義を排除し民主化を推し進めた。その目玉の政策が日本国憲法の制定だ。アメリカでは戦争中から日本に対する占領政策の研究が進められていた。日本国憲法の「象徴」はＧＨＱが独自に生み出したものではなく、戦前に実質的に「象徴」化された天皇の経験があったことを参考にしたとされる。憲法上、戦前は天皇主権の「絶対主義的天皇制」、戦後は国民主権に基づく「象徴天皇制」という大きな違いがあるが、戦前から継続した意識もあったのだ。

マッカーサー元帥と会見した昭和天皇（共同通信社提供）

Q71

戦後臣籍降下した11宮家とは?

江戸時代、宮家の源流にあたる伏見宮・有栖川宮・桂宮・閑院宮の「四親王家」が存在した。明治になると、仏門にあった皇族の還俗により7宮家が創設。その後、枝分かれによって増えていき14の宮家が存在することとなった。

その14宮家とは、伏見宮・有栖川宮・閑院宮・久邇宮《くにのみや》・山階宮《やましなのみや》・華頂宮《かちょうのみや》・北白川宮・梨本宮《なしもとのみや》・小松宮・賀陽宮《かやのみや》・東伏見宮・竹田宮・朝香宮《あさかのみや》・東久邇宮。このうち小松宮は臣籍降下して途絶え、有栖川宮・華頂宮は後嗣がなく消滅。昭和22年(1947)の皇籍離脱に至るまで11宮家が存在していた。

これら旧皇族の中で最も古い歴史を持つのが伏見宮。20代・邦家《くにいえ》親王は32人の子沢山で、明治以後の新設宮家はほとんどこの伏見宮から派生している。

旧皇族中最後に創設されたのが東久邇宮。明治39年(1906)に稔彦王《なるひこおう》が創設し、2代続けて皇女と結婚するなど皇室との関係が極めて深かった。また陸軍大将から防衛総司令官、軍事参事官となった稔彦王は終戦後、史上初の皇族首相となった。終戦処理にあたっ

皇籍離脱となり、赤坂離宮でのお別れ夕食会に出席するため顔をそろえた元皇族の人々
（共同通信社提供）

たが、2か月で総辞職となった。

敗戦後の皇籍離脱により、天皇と直接の血縁関係にある直宮を除く11宮家51人が皇族の身分を離れた。華族制度廃止後の皇族離脱は、一般市民になることを意味していた。憲政史上唯一の「宮様総理」となった東久邇宮稔彦王も、皇籍離脱後は自活する必要から新宿のマーケットに乾物店と美術骨董店を出店。米菓子の製造機販売にも手を出したが、いずれもうまくいかなかったという。

これら11宮家は天皇の男系子孫であることから、近年の後継者不足による皇位継承問題の解決策として、皇籍復帰も現在検討されているところである。

Q72 昭和天皇はなぜ生物学を研究していた？

海洋生物「ヒドロゾア」の研究をライフワークとし、生物学者としての一面を持っていた昭和天皇。政務の多忙さから余暇で研究していたのではと思われがちだが、ヒドロゾアの研究に関しては日本でもトップレベルに入る研究者だった。

昭和天皇が本格的に生物学研究を開始したのは昭和４年（１９２９）頃から。この時から日本ではまだ研究者の少ないヒドロゾアの研究を行っていた。他にも動物・植物など昭和天皇の研究対象は広範囲にわたり、戦前・戦中でも限られた時間の中で研究に没頭。戦後に侍従長を務めた鈴木一の回想によると、研究活動におもむく昭和天皇の足取りは他の日と違って軽やかだったという。

ではなぜ昭和天皇は生物学を研究対象に選んだのだろうか。最も興味を抱いたのが生物学だからともいわれるが、一説によるとその道筋をつけたのは西園寺公望《さいおんじきんもち》だという。公家出身で「最後の元老」として大正天皇・昭和天皇を輔弼した西園寺は、イギリス王室を手本に近代日本における皇室のあり方を模索。近代ヨーロッパの王侯貴族に必要な素養として

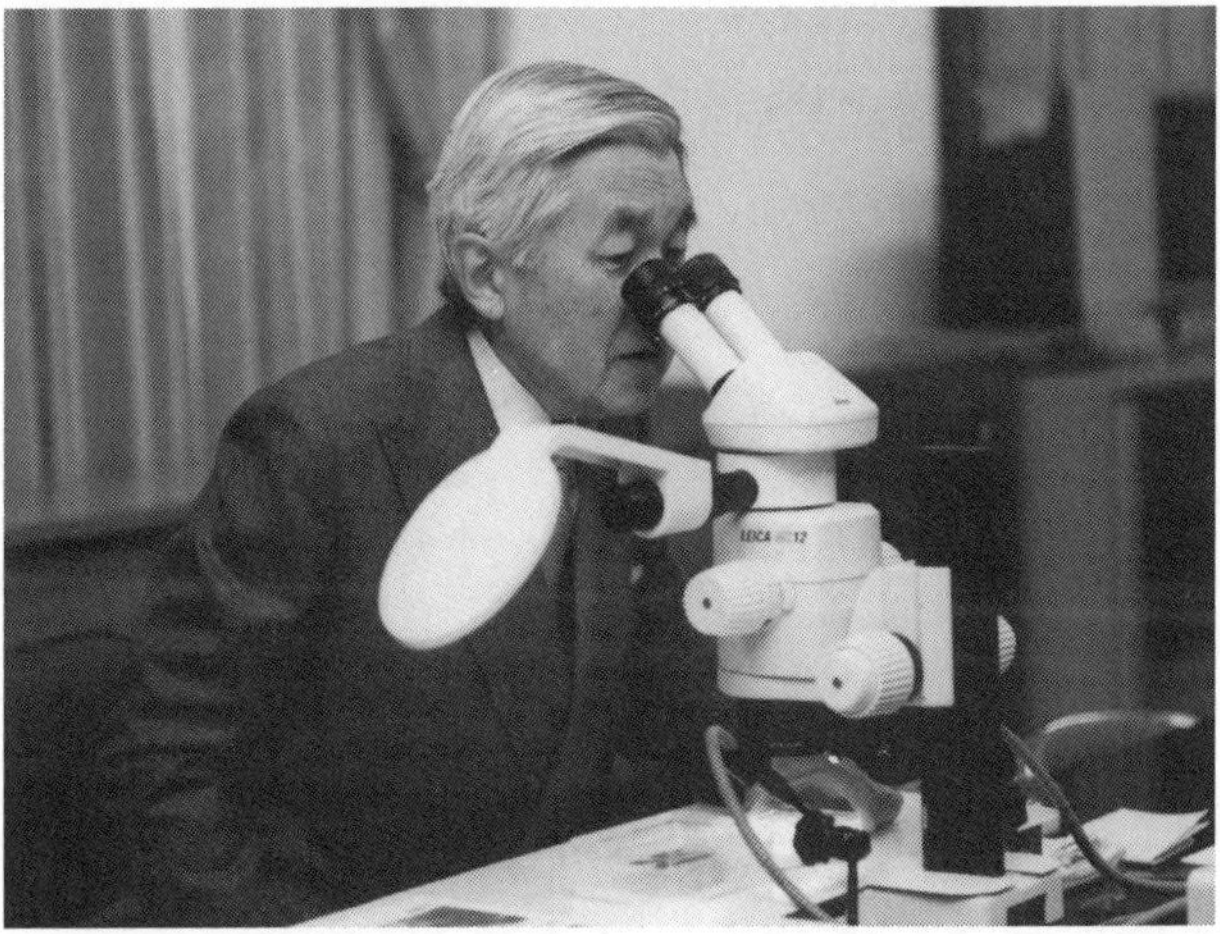

研究をされる今上天皇。ハゼ類の分類の研究をされている(宮内庁提供)

博物学・生物学があり、それを学ぶことで皇室外交の強力な武器となることから、昭和天皇に生物学を学ぶように進言したというのだ。

昭和天皇の研究への情熱は受け継がれ、天皇家は生物学を中心とする「学者一家」となった。今上天皇はハゼの研究者として知られ、新種の発見は8種にも及ぶ。また皇居に棲息するタヌキの糞を採取し、皇居の植生を研究している。秋篠宮はナマズの生態の研究で論文を執筆。皇太子は交通史を中心とした歴史学を研究した。関心事についてきちんと調べ上げ、各々のフィールドを持って研究を続けていく姿勢は脈々と受け継がれているのだ。

天皇の称号ミステリー

昭和の自称天皇「熊沢寛道」

敗戦直後の昭和20年（1945）末、南朝の末裔を自称し「北朝方の現天皇は偽天皇である」と訴えて時代の寵児となった人物がいた。その人物の名を熊沢寛道《くまざわひろみち》という。

名古屋市内で雑貨商を営んでいた熊沢。大正時代から自らを後亀山天皇の末裔と称し、政府に南朝の子孫であることを認めてほしいと働きかけていた養父の遺志を継ぎ、終戦後、天皇に対する言論統制がなくなると上京。連合国軍最高司令官総司令部（GHQ）を訪問し、自らの「天皇宣言」を行った。GHQは翌年、その主張を機関紙などで発表。これが内外に一大センセーションを巻き起こし、「熊沢天皇」は一躍時の人となる。

通説では南朝は北朝に吸収され、後亀山天皇系の子孫は室町時代に赤松氏によって殺害され滅びたとされる。ところが熊沢は南朝系は断絶せず、その皇胤《こういん》が自分であると主張。さらに「北朝の後小松天皇の父は足利義満で天皇家の皇統は断絶している。そのため北朝系の血筋の昭和天皇は偽天皇に他ならない」というのである。

一時はMP（米軍憲兵）の身辺警護がつくほど厚遇され、国民の支持を得るために精力的に「巡幸」して世の注目を集めた「熊沢天皇」。しかし、GHQの昭和天皇を利用した統治政策の方針が定まり、社会も落ち着きを取り戻すと冷たい視線にさらされるようになる。昭和26年（1951）、一発逆転を狙って昭和天皇の退位を求める裁判を起こすが棄却。失望のうちに昭和41年（1966）、78歳で死去した。

4章

天皇にまつわる祭祀・儀式と生活

Q73 「三種の神器」は今どこにあるのか？

三種の神器とは、「草薙剣《くさなぎのつるぎ》」、「八咫鏡《やたのかがみ》」、「八尺瓊勾玉《やさかにのまがたま》」を指す。これは天皇家が代々受け継いできた家宝だ。皇室関連の宝「御物《ぎょぶつ》」が美術館に寄贈されたことはQ15で述べたが、三種の神器だけは目にすることもできない秘宝中の秘宝である。天皇の祖先とされているニニギノミコトが地上に降りる際、アマテラスより授けられたという伝説を持つもので、今でも皇位継承者のみが引き継ぐことが許されている。

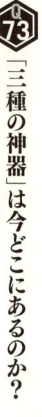

草薙剣とは、スサノオノミコトが八岐大蛇《やまたのおろち》を退治した際に手に入れた剣であり、八咫鏡はアマテラスが天岩戸に隠れた時にその姿を映したもの、八尺瓊勾玉もこの鏡とともにつくられたといわれている。もちろん神話上の物語だが、三種の神器の名前は歴史書に登場する。有名なのは源平合戦にて、81代安徳《あんとく》天皇の入水とともに壇の浦へ沈んだという伝承だろう。鏡と勾玉は後に回収されたが剣は見つからなかったため、伊勢神宮から剣が贈られた。現在、宮中にあるのはこの二代目の剣だと伝わっている。

現在、本物の八咫鏡は伊勢神宮に、草薙剣は熱田神宮のご神体として祀られている。そ

三種の神器の一つである草薙剣をご神体とする熱田神宮の本殿

のため、皇居の中で保管されている鏡と剣は形代《かたしろ》（分身）である。しかし、勾玉については本体が皇室に継承されているという。

そんな三種の神器について旧皇室典範では「皇嗣が神器を継ぐ」と明記されているが、新皇室典範では触れられていない。それでも今上天皇は昭和天皇崩御のすぐ後、「剣《けん》璽《じ》等承継《とうしょうけい》の儀」を行い、剣と勾玉を継承した。その際は箱に収められた神器を受け継ぐのみで、中を開けて確かめることはない。天皇陛下であっても実物を見ることはできないのだという。鏡ももちろん継承するが、「賢所《かしこどころ》」と呼ばれる宮中神殿のご神体であるため持ち出されず、「賢所の儀」が別で営まれる。

Q 74

天皇が定めた伊勢神宮の式年遷宮とは？

世界から多くの観光客が足を運び、国内でも有数の人気スポット伊勢神宮。かつて江戸時代には「一生に一度は伊勢参り」と、伊勢参拝が江戸市民を沸かしたこともあった。そのようにすっかり観光地化されているが、もともと伊勢神宮は皇室ゆかりの場所である。

伊勢神宮の歴史はおよそ2000年前からはじまる。10代崇神《すじん》天皇とその娘によって、皇室の神を伊勢に鎮座させた、と『日本書紀』に書かれている。神宮には皇室の祖先でもあるアマテラスを祀った皇大神宮《こうたいじんぐう》（内宮《ないくう》）をはじめ125の宮が揃い、皇大神宮には御神体として三種の神器の一つ、八咫鏡が祀られている。

そんな伊勢神宮は20年に一度、「式年遷宮《しきねんせんぐう》」と呼ばれる大改装を行うことでも知られている。すべての社殿を敷地の別の場所に建て直し、中にある道具や御神体である八咫鏡などもすべて新社殿に移すという大がかりなものだ。20年に一度行われる理由としては木造建築の耐用年数の限界が20年であるためだとか、宮大工の技術継承のためだとか諸説紛々としている。なお、式年遷宮の後に天皇が伊勢神宮に参られる際は、草薙剣と八尺瓊勾玉を

平成2年（1990）11月27日、神宮に親謁の儀を行う今上天皇。伊勢神宮は天皇が即位後に拝礼する場所でもある（宮内庁提供）

携行する「剣璽御動座《けんじごどうざ》」という儀式も行われ、平成26年（2014）に20年振りに三種の神器が伊勢神宮で揃った。

この式年遷宮は1300年前に40代天武《てんむ》天皇が立案し、その皇后である41代持統《じとう》天皇の時代からはじまったとされる。平安時代には国家の大事業となるも室町時代の後期には遷宮費用が徴収できず120年近く中止され、戦国時代には織田信長・豊臣秀吉の手によって復興。江戸時代には幕府がその費用を負担した。終戦後は国民主導のもとで実施され、平成25年（2013）には62回目の遷宮となる「平成の大遷宮」が行われた。その資金のおよそ半分は寄付金でまかなわれたという。

Q 75

「歌会始」はいつ頃から続いている？

毎年1月、宮中行事で「歌会始《うたかいはじめ》」が行われる。この行事には天皇皇后両陛下や皇太子殿下が出席され、その年の題目を使って歌を詠むという雅な会だ。このように一つの題目で歌をつくり披露するという歌会のはじまりは古く、奈良時代からといわれている。天皇が催す歌会を「歌御会《うたごかい》」といい、年明けに歌御会を行うようになったのは鎌倉時代中頃のこと。明治以前は皇族や招かれた客のみで行われる会で一般参加はできなかったが、明治7年（1874）には一般の参加が認められ、5年後には民間より歌を募り、優れた歌は新聞や官報に掲載されるようになった。今では広く一般に歌の募集がかけられるだけでなく、テレビ中継なども行われている。

歌のお題は事前に発表されるため、毎年2万近くの応募があるそうだ。その中から10首が選ばれ、15から20首前後の佳作も選ばれる。選首されるとその作者も会への招待を受けることができる。また歌が選ばれた「預選者《よせんじゃ》」は陛下の前で歌を披講《ひこう》（披露）できることもあり、毎年多くの人が挑戦している。

Q76 稲作にかかわる儀式が多い理由は?

日本は米文化だ。日本の食卓を支える米の歴史は深く、その片鱗は神話の世界からすでに見られる。『古事記』によると、天孫降臨で知られるニニギノミコトが地上を治めるよう命じられて高天原を去る際、アマテラスから一房の稲の穂を与えられている。天皇の祖先とされているニニギノミコトが天から稲を受け取り、地上に広めたという伝説だ。また皇室と縁の深い伊勢神宮社殿の建築様式は、高床式の穀物倉庫に起源を持つともいわれており、古代から皇室と稲作は深いかかわりがある。

そんな代々の天皇は遥か昔より稲の豊作に祈りを捧げてきた。宮中での祭祀も豊作にかかわるものが非常に多い。2月には豊作祈願の祭祀「祈年祭《きねんさい》」が行われ、11月には「新嘗《にいなめ》祭《さい》」で豊穣祈願の祈りが捧げられる。この際には伊勢神宮に勅使が派遣されるなど、大変大きな祭祀でもある。なお、昭和天皇は稲の遺伝関連の研究を行っており、さらに今上天皇も昭和天皇が残された皇居内水田で稲作を行い、その稲は伊勢神宮に奉納されている。稲作と天皇の関係は、近代においても続いているのだ。

Q77

年頭に行われる祭祀「四方拝」とは？

誰もが今年一年の幸福を祈る新年。年が明けたその時に、天皇もまた祈りを捧げる。何を祈るかといえば、国民の幸福と日本の平安を祈るのである。

宮中で行われる主要な祭祀は年間を通して24あるとQ2で前述したが、その祭祀の中でも最初に行われるのが「四方拝《しほうはい》」だ。祈りのはじまりは元旦の朝5時半。皇居の中にある「神嘉殿《しんかでん》」の南庭に屏風囲いが用意され、その中に身を清めた天皇が入り祭祀がはじまる。伊勢神宮をはじめ、数々の神社、天皇陵など文字どおり四方の神々に拝して一年の国家国民の安泰と農作物の豊作、そして平安を祈るという祭祀である。

この時天皇は代々天皇だけが身に着けることが許されている正装の着物、黄櫨染御袍《こうろぜんのごほう》を身に着けて、ただ一人で屏風の中に入る。宮中で執り行われる祭祀の多くは掌典《しょうてん》と呼ばれる祭儀を司る部署とともに儀式を進めることが多いが、四方拝だけは天皇ただ一人で行われる伝統だ。儀式の間は屏風で姿が隠されており、中でどのような祈りが捧げられているのか誰にもわからない。祭祀の内容を知る人間は、代々の天皇のみというまさに秘祭中の

『公事録 附図』に描かれる「四方拝 出御之図」。右下の屏風囲いの中で天皇が祈りを捧げるという（宮内庁書陵部蔵）

秘祭といえる。

その歴史は古く、平安時代前期に52代嵯《さ》峨《が》天皇からはじまり59代宇多《うだ》天皇の頃には宮中の祭祀として確立したといわれている。かつては厄払いに関する呪文も唱えられていたが、明治以降はそれらが省かれるようになった。それでも1000年以上の時を越え脈々と受け継がれてきた、大切な祈りの儀式だ。

そしてこの四方拝を皮切りに、「歳旦祭《さいたんさい》」と呼ばれる正月の小祭が続く。これは賢所、皇霊殿《こうれいでん》、神殿《しんでん》という宮中三殿において天皇・皇太子が臨席して行うこととなる。その後も3日、4日と様々な祭祀が続き、正月の儀式は完了する。

Q
78
江戸時代以前から続く祭祀はなぜ少ない？

天皇家は神話上、アマテラスの子孫といわれ伊勢神宮や神道ともかかわりが深いことは前述した（Q17、74）。しかし、過去の天皇を見てみれば45代聖武《しょうむ》天皇が奈良の大仏を造立し、寺をつくっている他、出家し法皇となる天皇も多く存在する。日照りの時などには寺に勅使を派遣して祈祷をさせた記録もある。そもそも、皇族である厩戸王（聖徳太子）は叔母の33代推古《すいこ》天皇とともに仏教を日本に広めたことで有名だ。つまり明治以前の天皇は仏教との結びつきも深かった。

明治以前の日本の宗教観は、神道と仏教がミックスされた「神仏習合」だった。古代から続く土着の神道と、新しい宗教である仏教。これらが混じりあった結果、神前で読経が上げられ、神社の中に仏教寺院「神宮寺」が建てられるなど、二つの宗教は融合。民間に広く受容されていたのだ。天皇の行う祭祀も仏教と神道がミックスされたものが多く、かつて天皇即位の際には密教の真言が唱えられることもあった。

しかし明治に入り、日本政府は神道を国家宗教に定め、天皇家から仏教色を払拭しよう

平成25年（2013）11月23日、今上天皇が傘寿（80歳）を迎えられたことを機に公開された新嘗祭神嘉殿の儀（夕の儀）の様子（宮内庁提供）

と考えた。それが「廃仏毀釈」「神仏分離」の運動だ。これにより出家していた皇族は還俗させられ、多くの宮家が誕生するきっかけとなった。それからの宮中祭祀は神道によるものとなり、葬儀をはじめ多くの祭祀が形を変えていったのだ。

ただし、古来より形を変えない祭祀もある。それは「神嘗祭《かんなめさい》」と「新嘗祭」だ。神嘗祭は豊作と実りの感謝を神に捧げるもので、天皇は伊勢神宮を遥拝し拝礼を行う。また11月の新嘗祭は収穫祭であり、起源は神話の時代にまでさかのぼることはQ76で述べた。それ以外の祭祀は明治以降、創出されたか、内容に変更が加えられたものが多いそうだ。

Q79 誕生前に行う「内御着帯式」とは？

民間でも妊娠すれば、神社や寺へお参りするなど、安産を願って多くの験担ぎが行われる。なかでも有名なのが妊娠5か月頃の戌《いぬ》の日に行う「帯祝い」だ。この頃に妊婦が腹帯（岩田帯）を巻くと安産になると伝えられている。なぜ戌の日に行うかといえば、犬が安産かつ多産だから、または悪霊を祓い子どもを守ってくれるとも信じられていたからだそう。

天皇家でもこの帯祝いに似た「内御着帯式《ないおんちゃくたいしき》」と呼ばれる儀式がある。着帯というのは「帯を締める」という意味で、民間の帯祝いと内容はさほど変わらない。ただし皇室で行われるのは9か月目の戌の日。妊娠した皇族の女性に対して、天皇から腹帯が下賜される。この帯を運ぶのは「帯親」と呼ばれる皇族の近親者だ。秋篠宮《あきしののみや》妃《ひ》紀子《きこ》殿下がこの着帯の儀を行ったことで話題になったが、この時の帯親は故・三笠宮《みかさのみや》殿下であり、使者によって白木の桐箱に収められた帯が宮中に届けられた。この帯はまず宮中にある三殿《さんでん》と呼ばれる神殿に捧げられて掌典長《しょうてんちょう》による祝詞《のりと》が唱えられる。こうして大切に運ばれたこの帯を、袿袴《うちきはかま》の上から巻き付けるのだが、紀子殿下の場合は侍女と文仁《ふみひと》親王殿下によって帯の巻き付けが行われた。この時に贈られる帯は長さ4・5メートル、幅46センチにもなる生平絹《きのひらぎぬ》の帯で民間の帯よりも長いのが特徴である。

この9か月目に行われる着帯の儀より前、妊娠5か月の戌の日には「内《ない》着帯の儀」と呼ばれる儀式も行われる。ただしこの時の儀式は正式なものではなく、あくまでも内祝い。天皇や皇后からエビや鯛といっためでたい物が贈られ、家族内で無事の出産を祈るのである。

生まれてくる子どもは、この着帯の儀によって正式に皇室の一員であると認められる。この後、実際に生まれてくると、皇族にはさらに多くの儀式が待ち受けている。

昭和34年（1959）10月5日、内御着帯式当日の皇太子妃美智子殿下（皇后陛下）（宮内庁提供）

Q80 誕生後に皇族の子どもは剣を授かる？

新しく生を受けた皇族には多くの儀式が待ち受けている。まず、誕生するとすぐさま宮内庁によって天皇、皇后両陛下へと誕生が伝えられる。そして生まれた当日ないし翌日の最初に行われる儀式が「賜剣《しけん》の儀（御剣《ぎょ》を賜うの儀）」だ。その文字どおり、生まれたばかりの子どもに天皇が剣を授けるという儀式である。剣は錦の布に包まれた白鞘入りの直刀《ちょくとう》で、守り刀として新生児の枕元に置かれる。刀には古来より魔をはらい、厄を遠ざける力があるといわれてきた。生まれたばかりの子を、病気や悪霊などから守るために行われる儀式なのだ。また、女児の場合は袴も添えて天皇から下賜される。なお、銃刀の取り扱いに厳しくなった昨今では、きちんと銃刀法の法令に則って剣が贈られるそうだ。

さらにこの後は、誕生の7日目までに「命名の儀」が行われる。これは天皇自ら毛筆で子どもの名前（御名《ぎょめい》）を書き、成人までの間使われる名前とともに、菊花御紋の付いた黒漆の箱に納められ、枕元へ運ばれる。この名前は、皇室の戸籍というべき「皇統譜《こうとうふ》」にも記入される。さらに誕生7日目には「浴湯《よくとう》の儀」が行われる。これは湯浴みのことで実際に

昭和40年（1965）11月26日に行われた文仁親王の「読書・鳴弦の儀」のリハーサルの様子（宮内庁提供）

お風呂に浸かるわけではなく、部屋の一室を区切り、そこに置かれたヒノキの盥《たらい》で産湯に浸かるのである。区切られた部屋のもう片方では古式ゆかしい衣冠単《いかんひとえ》を身に着けた学者が中国の古典の一節を三度読む間に、武官が「おー」という声とともに弓の弦を鳴らす儀式を行う。これを「読書《とくしょ》・鳴弦《めいげん》の儀」といい、子どもの智恵と健康を願って行うものである。

生後50日頃になると皇居にある宮中三殿を拝礼する、民間でいうお宮参りが行われ、ここではじめて子どもは天皇皇后両陛下と対面を果たすのだ。さらに4か月が過ぎる頃「御箸《おはしぞ》初めの儀」という、お食い初めに似た儀式も行われる。

Q
81

碁盤から飛び降りる儀式がある？

子どもがつつがなく成長しますように、という願いは皇族であっても同じこと。民間では晴れ着姿で氏神様にお参りし子どもの成長を願う七五三が行われるが、皇族はその代わりに「着袴《ちゃっこ》の儀」と呼ばれる儀式を行うこととなる。

かつて袴を身に着けることは、成長し少年・少女になったという証でもあった。そこで数えで5歳を迎えた皇族は、幼児まで身に着けていた服から白絹の袴に穿き替える儀式を行う。東宮御所《とうぐうごしょ》の広間で白袴を着け、東宮侍従《じじゅう》と東宮大夫《だいふ》によって紐を結ばれるという儀式で、男児は滝の文様を染めた落滝津《おちたきづ》の着物と白袴を身につけるのがならわしのようだ。なお、この儀式は性別関係なく行われ、平成18年（2006）には愛子内親王が、平成23年（2011）には悠仁《ひさひと》親王が着袴の儀を行った。

さらに男児の皇族においては、この儀式に続いて「深曽木《ふかそぎ》の儀」と呼ばれる儀式も行われる。まず、親王は東宮大夫の手によって毛先を削ぎ切られる。その後、檜扇と小松と山橘の小枝を握った親王が碁盤の上に乗り、その碁盤から飛び降りるという、一風変わった儀式だ。この時、両足は青石を踏みしめて、「えいっ」とかけ声をあげて飛び降りる。碁盤は宇宙を示しており、そこから飛び降りることで男児の健やかな健康を祈るという、古く平安時代から続く伝統の儀式でもある。

この儀式は昭和39年（1964）に皇太子殿下、そして昭和45年（1970）に礼宮文《あやのみやふみ》仁《ひと》親王（秋篠宮文仁親王）が行った後、41年ぶりとなる平成23年（2011）に悠仁親王によって行われ、大きな話題を集めた。

平成23年（2011）11月3日に行われた秋篠宮悠仁殿下の「深曽木の儀」。襟元の綴じ糸が縦十字になっていることから、悠仁殿下が将来の皇太子になる可能性は高いともいわれている（宮内庁提供）

近年同時に行われるようになった着袴の儀と深曽木の儀だが、本来は別々に行われていた。古い儀式であるため詳細は伝わっていないが、深曽木の儀は現代においては男児のみが行う儀式であるそうだ。

Q82 天皇・皇太子は18歳で成人になる？

成人の年齢を18歳に引き下げる民法改正案が閣議決定されたが、天皇・皇太子・皇太孫に限っては戦後からすでに18歳が成人と定められている。成人年齢引き下げ法案にともない、天皇、皇太子、皇太孫の成人年齢をさらに引き下げるかどうかが検討されたが、この改定は見送られたため、今後しばらくは民間と揃って18歳が成人となる。

また皇族も成人の儀式を行うが、特に皇位継承者の成人式を「加冠元服《かかんげんぷく》の儀」という。この加冠元服の儀を18歳で行うように定めたのは、皇室典範以降である。それ以前、平安時代から江戸にかけての成人の儀式は11〜16歳で行われてきた。これは皇室に限った話ではなく、民間でも男子で15歳、女子はそれより若く14歳ほどで成人を迎えており、民間の成人年齢が引き上げられたのは明治に入ってからだ。

なぜ民間に合わせて20歳を成人としなかったかといえば、もし成人前に即位することになると摂政《せっしょう》を置く必要があり、その可能性を少しでもなくすためだといわれている。実際、現在の皇太子殿下は、今上天皇はもちろん祖父である昭和天皇も健在であったため18歳に

昭和27年（1952）11月10日に行われた加冠の儀で、加冠の座に着く明仁親王（今上天皇）。同日には立太子の礼も行われた（宮内庁提供）

こだわる必要はなく、民間と同じく20歳で成人の儀式を行われた。

皇太子の成人式「加冠元服の儀」では、代々皇室で受け継がれた伝統の儀式が行われる。まずは未成年の着物と冠を着けた皇太子殿下が宮殿に登場。そして天皇皇后両陛下、参列者の前で冠を成人の証である「燕尾《えんび》の礼冠《らいかん》」と交換し、挨拶を行う。その後は成人の衣服である縫腋袍《ほうえきのほう》に着替え直して宮中の三殿をめぐるなど、民間とは異なる成人の儀式を行う。

ただし18歳となり成人していても、当然ながら飲酒やたばこなどに関しては、現在の法律で定められているとおり20歳になるまでは厳禁だ。

Q83 結婚には皇室会議の承認が必要？

皇族の結婚の儀式は「結婚の儀」、天皇・皇太子では「大婚《たいこん》」と呼ばれる。もちろん結婚の儀式の前に結婚相手を決めて顔合わせなどの事前準備も必要である。これが民間の場合は互いの両親の同意、両家の顔合わせなどを経た上で結婚式に進むわけだが、皇族となるとさらに大仰な話になる。

戦前、男性皇族の相手は皇族か華族の女性から選ぶように「皇室親族令」で定められていたが、現在は撤廃。男性皇族は民間の女性と結婚することが認められた。これによって建前上、好きな相手と結婚できるようになったわけだが、実際はそうではない。「皇室典範」の第10条によると「立后及び皇族男子の婚姻は、皇室会議の議を経ることを要する」と書かれており、皇室会議で了承を得なければ結婚は認められないのだ。

この皇室会議に参加するのは、皇族が2名、衆参両院の正・副議長、内閣総理大臣、宮内庁長官、最高裁判所長官、判事といった10名の人間だ。今上天皇や皇太子殿下が結婚を決められる際にも、この皇室会議が開かれた。

平成5年（1993）1月19日、皇太子徳仁親王殿下の結婚の儀に際して行われた皇室会議の様子（宮内庁提供）

会議でご成婚が確定した後も、結婚式までには様々な儀式が待ち受けている。まずは「納采《のうさい》の儀」という、民間でいう結納の儀式。その後は妃となる相手方の家に結婚の期日を伝える「告期《こっき》の議」が行われ、さらにはお互いに和歌を贈り合う「贈書の儀」など、古い伝統を持つ儀式も行われる。

それを経て、ようやく結婚へと進むことができるわけだが、その前に、妃となる女性にはもう一つ大事な仕事が待っている。それは皇室についての勉強だ。民間から皇室に入った美智子皇后陛下からこの勉強が取り入れられることとなった。勉強内容は皇族のしきたりから歴史、語学まで１００時間近い講義が行われる。

Q84 神前結婚式の起源は大正時代?

現在、結婚式といえば教会で行う教会式や神社で行う神前式のイメージが強い。しかし明治以前の日本庶民の結婚式は、どちらかの家に身内が集まり行うのが常だった。それが現在のようになったのは案外新しく、120年ほど前。大正天皇のご成婚からである。

明治33年(1900)、嘉仁《よしひと》親王(大正天皇)のご成婚の際は「皇室婚家令」に基づいて婚儀が行われることとなった。皇室婚家令が制定されたのは結婚式の1か月前のこと。なぜ急につくる必要があったかといえば、これまで天皇は大々的な結婚式を行っていなかったからだ。古くから皇室には多くの女性が住む後宮が置かれた。妃《ひ》、夫人《ぶにん》、女御《にょうご》、更衣《こうい》という身分を与えられた女性の中から正妻にあたる皇后を選ぶのだが、通例として重鎮の父を持つ女性が皇后に選ばれることが多かったようだ。『源氏物語』でも主人公の母は帝(天皇)に寵愛を受けたものの父を亡くしていたため、更衣という比較的低い立場であった。後宮は天皇家に代々続く伝統の結婚方式だったが、明治以後の日本は近代国家を目指していたため、一夫一妻制の西欧の考えを取り入れ結婚のシステムを変更する必要があった。そ

平成5年(1993)6月9日、皇太子徳仁親王と雅子殿下の結婚式・朝見の儀(宮内庁提供)

こで検討を重ねた結果、西欧の教会式を取り入れながら、伝統ある神社で行う「神前式」を生み出したのだ。その際、3日にわたり行われる「三箇夜餅《みかよもち》の儀」など古式の儀礼は残されることとなった。

嘉仁親王の時は、身を清めた後、妃とともに伝統の衣装を身にまとい皇居内の三殿に結婚を報告。その後、洋装に着替え、明治天皇皇后両陛下に挨拶を行って祝いの盃を交わす「朝見《ちょうけん》の儀」を行った。翌年、この婚礼を祝福し、日比谷の神宮奉斎会《ほうさいかい》本院(現東京大神宮)では宮中の結婚式を取り入れた神前模擬結婚式を行い、この影響から民間の間に一気に神前式が広まったといわれている。

Q
85

「践祚・即位の儀」はどのように行われる？

先の天皇が崩御、もしくは皇太子に位を譲られた時、皇太子は天皇の地位を受け継ぐ（践祚《せんそ》する）ことになる。ただ座して天皇の位が受け継がれるわけではない。即位に至るまでの儀式は三部構成にもなり、「践祚・即位の儀」と呼ばれる。最初に行われるのは「践祚式」。代々天皇だけが引き継いできた三種の神器のうち、草薙剣と八尺瓊勾玉を受け取るもので、戦後は「剣璽等承継の儀」と呼ばれる（Q73）。先の天皇が崩御されてから即位する場合、儀式は崩御日の当日に行われる。八咫鏡は賢所のご神体でもあるので動かされることはなく、掌典長らによって「賢所の儀」が同時刻に行われる。

今上天皇に関しては、この「剣璽等承継の儀」を行った後、1年の服喪に入り、喪が明けておよそ10か月後、「即位式」を行い、これが即位の宣言となった。この後、新天皇となってはじめて行う「新嘗祭」（五穀豊穣を祈る儀式）、「大嘗祭《だいじょうさい》」と続く。これら三つが、践祚・即位の流れだ。なかでも一番大きな儀式は、皇居の松の間にある高御座《たかみくら》で即位の報告を行う「即位礼正殿《れいせいでん》の儀」だろう。この儀式には皇族だけでなく総理大臣や国連の代表、

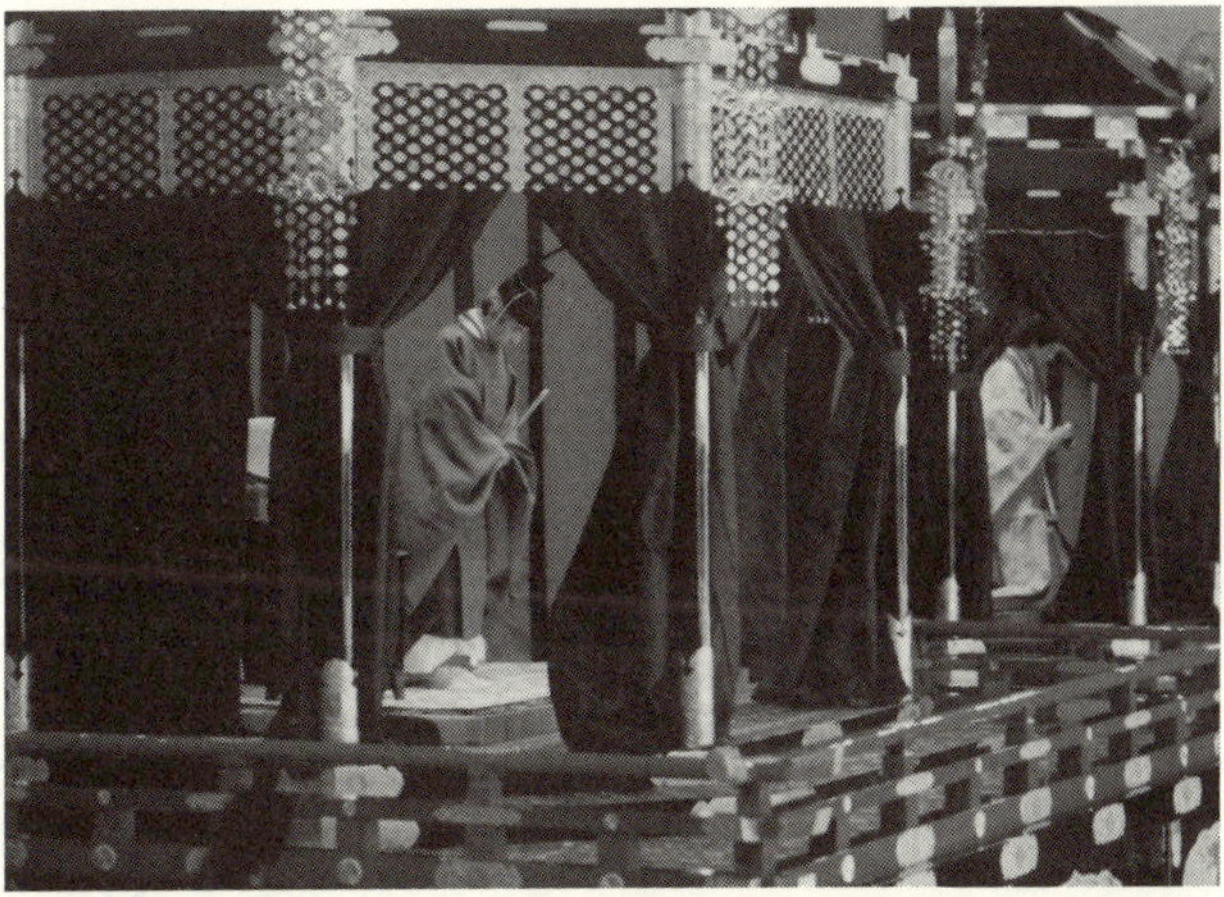
平成2年（1990）11月12日に行われた今上天皇の即位礼正殿の儀。陛下が上られているのが松の間にある高御座（宮内庁提供）

各国首脳が招かれ世界の人々の前で執り行われる。

この後「祝賀御列《おんれつ》の儀」と呼ばれる祝賀のパレード、饗宴、園遊会など様々なイベントが行われる。今上天皇の「平成大礼」は700日以上もの期間を有した。

なお、皇太子徳仁《なるひと》親王の「剣璽等承継の儀」は2019年5月1日、「即位礼正殿の儀」は同年10月22日に決定した。ただし生前退位からの新天皇の即位は明治以降でははじめてであるため、内閣は「天皇陛下の御退位及び皇太子殿下の御即位に伴う式典準備委員会」をつくることを決定。今上天皇の生前退位とどう絡めた儀式になるのかは、今後の発表が待たれる。

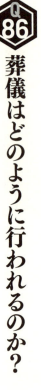

Q86 葬儀はどのように行われるのか？

明治時代に「皇室典範」がつくられ、皇室の儀式から仏教色が排除された（Q78）。それは葬儀においても例外ではない。中世から幕末までの天皇は死後、仏式での葬儀によって見送られた。墓所は寺につくられ、天皇の菩提寺も存在する。しかし明治以降は神道を中心とした国づくりが必要となり、政府は葬儀の方法も整え直すこととなった。明治天皇は新しい服喪の儀で見送られ、大正時代には皇室の葬儀法をまとめた「皇室喪儀令」を公布。大正天皇はその新しい葬儀で送られることとなった。しかしこの皇室喪儀令は戦後に廃止。昭和64年（1989）1月7日に崩御した昭和天皇の葬儀は、「皇室喪儀令」をベースとしながらも政教分離の考えを加えた上で儀式が行われることとなる。

昭和天皇の葬儀では、今上天皇をはじめとした肉親が行う「拝訣《はいけつ》」、ご遺体を棺に収める「御舟入《おふねいり》」、そして霊柩が殯宮《もがりのみや》と呼ばれる正殿に移される「殯宮《ひんきゅう》の儀」という儀式が行われた。古代日本では人が亡くなればすぐに埋葬は行わず、棺のまま安置して祈りを捧げるのが常だった。民間でも通夜にその片鱗が残されているが、皇室においてこの殯宮の儀

平成元年（1989）2月24日、新宿御苑での昭和天皇の葬場殿の儀。皇宮警察官が担いでいるのが昭和天皇の棺である「葱華輦（そうかれん）」（宮内庁提供）

は非常に長く、古代の天皇では6年近くに及ぶこともあったそうだ。

昭和天皇の葬儀でもおよそ1か月安置され、2月24日に新天皇が弔辞を読み上げる「葬場殿の儀」、弔問客による参拝にあたる「大喪の礼」が行われた。大喪の礼では世界163か国の大統領、国王、各国の代表約700人が参列し、昭和天皇を見送った。その警護代なども含めると費用はおよそ100億円近い。

今上天皇は天皇の葬儀によって国民の生活に影響が出ることを案じ、今後の天皇と葬儀についての意見を宮内庁に述べられた。「即位の儀」に続き、葬儀のありようも今後変わることになるのだろう。

Q87 皇室の子育て・教育はどうなっている？

現在、テレビや雑誌の皇室ニュースを見ると、家族団欒の様子が映される機会も多くほほえましい気持ちになる。しかし、かつて皇室には乳人《めのと》制度があり、子どもは生まれてすぐ里子に出される決まりだった。一国の指導者を育てるには、家庭のぬくもりよりも厳しくしつけることが大事と考えられていたからだが、この慣習に批判的だった昭和天皇は、せめて学齢に達するまでは皇太子（現在の今上天皇）を自分たちで育てたいと主張。激しい反対にあい、断念したという。状況が一変したのは今上天皇の時代だ。美智子皇后が皇太子（現在の徳仁親王）を出産した際、ようやく里子制度を廃止。そのことから両陛下は「皇室を改革した」といわれているが、背景には、昭和天皇の強い後押しがあった。

皇族の子女が受ける教育は、しばしば帝王学とよばれる。帝王学とはもともと、西欧列強に負けない強国の君主となるための教育だった。しかし戦後、天皇のあり方が変わり、その意味合いも大きく変化。今上天皇は初等科から大学まで学習院で学びながら、中等科、高等科の頃には、アメリカ人家庭教師から英語や西欧のマナー、そして「自分の意見を持つこと、国民とともにあること」の大切さを学んだという。

また、国際交流を重んじる皇室において、英語を学ぶことは必須。徳仁親王は学習院の大学院で学んだ後、オックスフォードの大学院に2年間留学し、大学でのレッスンはもちろん、パブでビールを注文するなど実地レッスンも行った。

昭和35年（1960）6月21日、徳仁親王を抱かれる皇太子妃美智子殿下（皇后陛下）。隣は優しく見守る皇太子明仁親王（今上天皇）（宮内庁提供）

大正15年（1926）に公布された「皇族就学令」では、皇族は、幼稚園から大学まで学習院に通うよう定められていた。しかし、秋篠宮家の眞子《まこ》内親王、妹の佳子《かこ》内親王はICUの教養学部アーツ・サイエンス学科を選択。このように、皇室の教育方針も多様化してきている。

Q88 雅楽を演奏しているのはどんな人？

今の日本で、雅楽《ががく》の生演奏を聴いたことがある人は少ないだろう。具体的には、我が国古来の歌舞と、中国・朝鮮から伝来した音楽や舞が日本化したもの、そして、それらの影響を受けて成立した歌を総じて「雅楽」と呼ぶ。宮中の儀式や春・秋の園遊会などで披露され、これを演奏する楽部は「日本最古の楽団」ともいわれる。メンバーの一人一人は「楽師」といい、宮内庁式部《しきぶ》職楽部《しょくがくぶ》に所属する職員だ。雅楽は昭和30年（1955）に国の重要無形文化財に指定され、楽師はその保持者に認定された。さらに平成21年（2009）、雅楽がユネスコ無形文化遺産に登録されると、楽師は世界でも知られる存在となる。

かつて楽師は東儀《とうぎ》氏や上《うえ》氏をはじめとする楽家の世襲だった。しかし、明治時代にシステムが変わり、一般人にも門戸を開放。宮内庁式部職楽部楽生科に進学し、約7年間訓練したのち採用試験に合格すれば、誰でもなれるようになった。ちなみに、宮中晩餐会などでクラシック音楽を演奏しているのも楽師。雅楽だけでなく、洋楽の演奏にも長けた音楽のスペシャリストなのだ。

Q89 皇室の食事は誰がつくっているの？

皇室の料理といえば、宮中晩餐会で振る舞われるフランス料理が思い浮かぶ。しかし、天皇・皇族がいつも豪華なものを食べているわけではない。朝はトースト、オートミールのような洋食が多く、それにサラダや果物が付く。昭和天皇はそばやうどんが好物だったそうで、現在の皇室では、丼物、カレーライス、ラーメンなども出されている。普段の食事は意外と素朴で、一般家庭とそう変わらないのだ。

料理番を務めるのは、宮内庁管理部大膳《だいぜん》課。そのうち、献立をつくり調理するのは「厨《ちゅう》司《し》」と呼ばれる人々で、和食・洋食・和菓子・パンと洋菓子など、担当が分かれている。食材のほとんどは、宮内庁が管轄する栃木の御料牧場で賄う。ここは皇室専用の牧場で、化学肥料や農薬はできるだけ使わずに、野菜の栽培、家畜の飼育を行う。バターやヨーグルトのような乳製品、ソーセージなどの加工食品も製造。安心・安全な食品が、一日置きに皇居に届けられる。なお、配膳を行うのは「主膳《しゅぜん》」という係。両陛下の食べるものを侍医が少しずつ口にし、健康上のアドバイスを行う「おしつけ」という習慣もある。

Q 90

「御料車」のナンバープレートは特別？

ゆっくりと走る車の後部座席から、沿道に向かって笑顔で手を振る両陛下。年に何度か目にする光景だが、この時に使われている天皇・皇族専用の車を「御料車《ごりょうしゃ》」という。御料とは、高貴な人が所有するものという意味で、またの名を「菊の自動車」。専属の運転手が付き、もちろん車検もある。よく見ると、菊の紋章があしらわれたナンバープレートのものと、一般の車両と同じく通常のナンバープレートのものと2タイプがある。前者は皇プレートと呼ばれ、国会の開会式や全国戦没者追悼式などの公式行事でのみ出動し、後者は日常の公務や地方行幸にも使われる。ちなみに、今上天皇は運転が好きで、愛車のホンダ・インテグラを20年以上大切にしてきた。たまの休日には自ら運転することもあるそうだが、こういったプライベートの車両は、御料車とは区別されている。

今上天皇に限らず、秋篠宮文仁親王など、運転免許を持っている皇族は多い。もちろん公道で運転することはほとんどないが、皇居や那須の御用邸、軽井沢などで、敷地内の移動に車を使う場合もあるという。

平成元年(1989)、天皇陛下の運転で高原のドライブを楽しむ皇后陛下と礼宮(秋篠宮殿下)。那須御用邸清森亭付近(共同通信社提供)

皇族が運転免許を取得するには、まず赤坂御用地などで、宮内庁管理部車馬課の技官から運転技術を教わる。その後、運転免許試験場に出向き、試験を受ける。

一方、天皇陛下の移動には列車を利用することも多い。これを「お召し列車」という、普段は各鉄道会社が管理している。正面には、ヘッドマークの代わりに菊の紋章を付け、陛下や国賓が乗る特別車両を連結して運行。たとえ天皇・皇族とはいえ運賃は有料で、宮内庁が交通機関に支払う。また、お召し列車を走らせる際には、発車、停車時に振動させないよう熟練の運転手が選ばれ、さらに発車ベルは鳴らさないというルールになっている。

Q91 なぜ皇居は江戸城跡につくられたのか？

東京全域を撮影した航空写真を見ると、中心部にこんもり緑の森が広がっているのがわかる。これがまさに皇居で、総面積115万平方メートルとかなり広大。庭園として整備され、一般公開もされている「皇居東御苑」には、かつて江戸城の本丸や二の丸があった。ちなみに、現在両陛下の御所が立っているのは、西側にある「吹上《ふきあげ》御苑」だ。

時代をさかのぼると、もともと天皇の拠点は京都にあった。しかし大政奉還が行われた翌年の明治元年（1868）、明治天皇は京都から江戸に移転。新しい住まいは、徳川家が出て行った後の江戸城である。やがて、城主が天皇に代わったことにより、江戸城は「皇《こう》城《じょう》」と呼ばれるようになった。

天皇の住まいに江戸城が選ばれた理由には諸説ある。よくいわれるのは、「徳川家に代わり新しく国のトップに立つのは天皇陛下だ」と新政府がアピールするのに、ちょうどよかったという説。実際に天皇は、歴代将軍が隠居所として使っていた西の丸御殿で生活を送ることになった。新政府はそうすることで歴史を上書きし、天皇の力の大きさを人々に

皇居案内図

示したのだろう。

一方で、後に「郵便制度の父」と呼ばれる前島密《まえじまひそか》が提言したという説もある。遷都が決まり、移転先をどこにしようか話し合いが持たれた所、大阪と東京の2か所が有力な候補地だったという。そこで前島は「大阪に遷都すれば、施設はすべて一から新設しないといけない。しかし東京には江戸城があるため、これを多少改築すれば十分足りる」と東京を、そして江戸城をプッシュした。これが本当であれば、新政府は経費削減のため江戸城跡地を有効活用したということになる。

いずれにせよ、江戸城は新政府にとってメリットが多かったようだ。

Q92

皇居の中で自然観察会が行われている？

生物学の研究に熱心だった昭和天皇の強い想いから、吹上御苑は、できるだけ人の手を入れずに管理されてきた。そのおかげでたくさんの絶滅危惧種が見られるだけでなく、今もなお新種の発見が続いている。国立科学博物館が平成12年（2000）に発表した調査結果では、1366種の植物と、3638種の動物が生息していることが確認されたという。このような大自然が都心に残されているのは、非常に意義のあることだ。

じつは、毎年春になると、「みどりの月間」の一環として宮内庁主催の自然観察会が行われている。両陛下の「生物調査の成果を国民と分かち合いたい」という考えによるもので、抽選で選ばれた参加者が、専門家の説明を聞きながら吹上御苑を歩く。申し込み方法などの詳しい情報は、開催時期が近づくと宮内庁のホームページで公示。普段は一般公開されていない吹上御苑を見学できる貴重な機会でもある。とはいえ、自然観察会に参加できなかったとしても、皇居全体が緑豊かな森。天気のいい日には、虫眼鏡や双眼鏡を持って東御苑、千鳥ヶ淵付近に出かけ、植物観察やバードウォッチングを楽しむのもいい。

Q93 皇居に田んぼや養蚕場があるのはなぜ？

天皇陛下のご活動の一つに、伝統文化の継承がある。現在皇居では稲作が行われているが、もともとは昭和2年（1927）、昭和天皇が当時住居にしていた赤坂離宮に田んぼをつくったのがはじまりだ。その2年後に住まいを皇居に移してからも稲作は継続。このご活動を引き継いだ今上天皇は、春に自ら籾蒔《もみま》きを行い、苗を育て、初夏に田植えをし、秋には稲刈りを行う。皇后陛下は、昭憲《しょうけん》皇太后が明治4年（1871）にはじめた養蚕を引き継ぎ、皇居内の紅葉山御養蚕所で長年蚕を育てている。春から初夏にかけて、掃立《はきたて》（蚕の幼虫にはじめて桑の葉を与えて蚕座に移す）、給桑《きゅうそう》（蚕に桑の葉を与える）、上蔟《じょうぞく》（成熟した蚕を蔟《まぶし》に移す）、繭かき（繭を蔟から外す）など、各段階の作業に従事。こちらで飼育された品種「小石丸」の生糸は、正倉院宝物の絹織物の復元などに使われている。

これらのご活動には目的がある。稲作は、昭和天皇が「農民と同じ苦労と収穫の喜びを味わいたい」と願ったのが発端で、それが「農業の奨励」に繋がった。養蚕は「産業の奨励」。つまり、「国民とともにあるべき」という両陛下の気持ちが表れている。

Q94 赤坂御用地には誰が住んでいる?

皇居の西側にある赤坂御用地は、総面積約51ヘクタールの皇室関連施設。この敷地内に、皇太子である徳仁親王がご家族と暮らす東宮御所や、秋篠宮邸、天皇陛下主催の園遊会が毎年開催される赤坂御苑などがある。江戸時代には紀州徳川家の中屋敷があった場所で、藩主がプライベートな時間を過ごしていた。倒幕後、紀州藩が引き上げてしまうと本殿が赤坂離宮として宮内省の管轄となり、明治6年(1873)、皇居が火災に遭った時には赤坂離宮が仮皇居として使われたこともあった。

昭和35年(1960)竣工の東宮御所は、かつて両陛下も住んでいた場所だ。徳仁親王、雅子殿下の結婚を境に大幅な増改築が進められ、応接室などの公室や、事務棟、奥私室を合わせて部屋数は72となっている。ちなみに、皇居の西側にあるのに、なぜ「東宮」なのかというと、皇太子の別称が「東宮」だから。皇太子は皇室関連の文書ではしばしば東宮と呼ばれているが、これは、古代中国で皇太子の宮殿が皇居から見て東に位置していたことによる。西側に住んでいるのに東宮だなんて、何だかおもしろい。

赤坂御用地

東宮御所（仮称は御車寄）
（宮内庁提供）

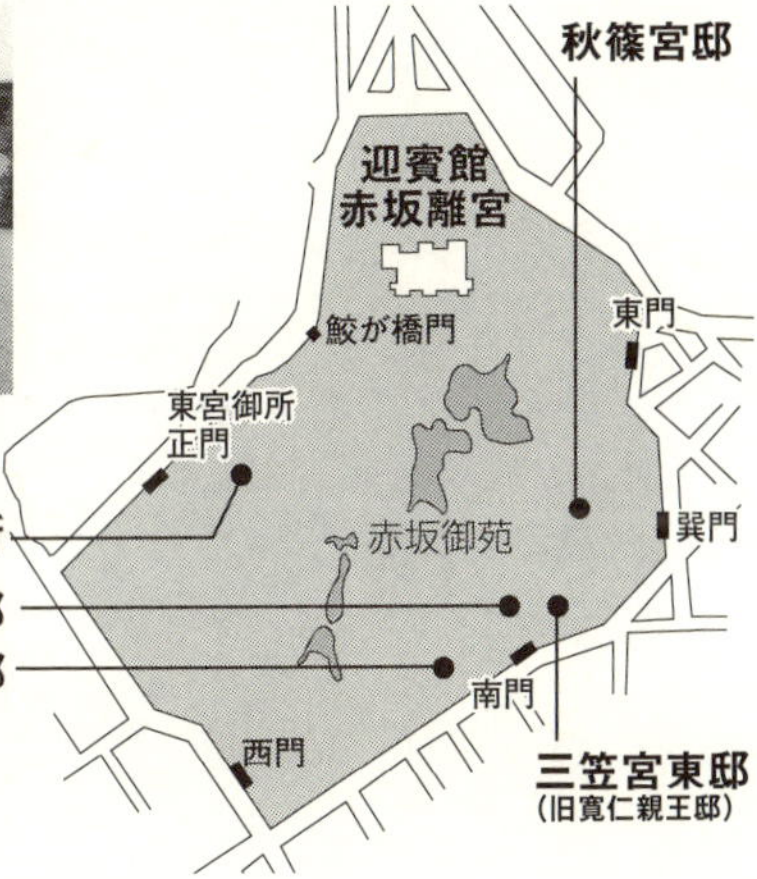

ところで、もし天皇陛下が退位したら、皇居を出てどこに住むのだろうか？　最も有力な候補地は、現在皇太子殿下一家が住居にしている赤坂御用地内の東宮御所である。徳仁親王が天皇に即位すれば、おそらく皇居に入ることになるだろう。その空いた所に、今上天皇と美智子皇后が移り住むという案だ。あるいは、仮に秋篠宮文仁親王が皇太子殿下の仕事を引き継ぐことになれば、秋篠宮家の方々が東宮御所に移り、両陛下は秋篠宮邸で暮らすということも考えられていた。しかし平成29年（２０１７）12月、両陛下は一時高輪皇族邸（旧高松宮邸）に仮住まいするものの、東宮御所に移動されると発表された。

Q95

天皇に休日はあるのか？

皇族がスポーツ観戦、芸術鑑賞を楽しむ様子がしばしば報道されるが、これらはどれも主催者側から要請されたもので、つまり公務。プライベートな外出が禁止されているわけではないとはいえ、特に多忙な天皇に関しては、両陛下が連れ立って外出する行幸啓《ぎょうこうけい》はほとんど公務というのが実状だ。今上天皇は79歳になってようやく、皇后と二人、初のプライベート旅行を実現したという。それでもやはり水入らずとはいかず通常より小規模ながら、宮内庁職員や皇宮警察などの警備が付いた。

天皇には24時間「私」がないといわれている。今上天皇の場合、連日のように国事行為、公的行為が続き、御所に留まっている時も生物学者として研究、学術論文の作成に勤しむ。プライベートといえば、葉山や那須、須崎にある宮内庁管轄の御用邸で静養するくらいだが、この期間にも政府の閣議決定書が届けられ、それに目を通さなければならない。なお、宮内庁のホームページには、「天皇皇后両陛下のご日程」と題して日々の行動が記録されていて、それを見ると、天皇の休日はあってないようなものだとわかる。

Q96 宮内庁御用達にはどんなものがある？

お世話になった人へ贈り物を選ぶ際、「宮内庁御用達」と掲げた商品を見つけると、それが決め手になることがある。もとを正せば、明治24年（1891）に定められた宮内省御用達の制度が、このキャッチフレーズの由来。当時の宮内省が業者の選定、審査を行い、これをクリアしたものにだけ、菊の紋章の焼き印が押された門鑑《もんかん》（皇居への通行証）と、「宮内省御用達」の商標を与えていた。なお、この制度は昭和29年（1954）に廃止。当時その商標の有効期限は5年間とされていたため、現在これをうたう店や商品は、基本的にかつて御用達として認められていたものだ。

ちなみに羊羹で有名なとらやは、室町時代後期に京都で創業した和菓子店で、その頃から御所に商品を納めていた。また、終戦後の昭和25年（1950）以降、皇族のスーツは主に広尾の金洋服店が仕立てている。さらに今上天皇の散髪を担当し、「天皇の理髪師」と呼ばれる大場《おおば》隆吉《たかよし》さんは、専属ではなく一般のヘアサロンの経営者だ。宮内庁御用達とは、食品や日用品のような商品から、さらには職人まで、実に多岐にわたる。

Q 97 皇室が行う国際交流の真意とは？

天皇や皇族が諸外国を訪れたり、相手国の王族などを賓客として招待することを俗に皇室外交という。しかし、「外交」という言葉には、外国と交渉するという意味も含まれていて、憲法第4条で天皇は国政にかかわってはいけないとしている以上、皇室外交という言葉は適切ではないとの意見も多い。徳仁親王は、平成11年（1999）2月の記者会見で「皇室の訪問というのは外交というよりは親善訪問、友好親善を深めるためのものであるということで、皇室外交という言葉は皇族の訪問の場合は少しなじみにくい言葉なのではないのかと思います」と語った。そんな流れもあり、宮内庁では「国際親善」という。

本来、国による外交と皇室による外交は意味合いが大きく異なる。前者が、国家間の利害を調整するなど、政治的駆け引きを行うための場であるのに対し、後者はより友好的な国際親善が目的だ。今上天皇が初めて海外を訪問したのは、サンフランシスコ講和条約が発効された翌年の昭和28年（1953）。当時まだ皇太子で、学習院大学に在学する学生だったが、昭和天皇の御名代（代理）として英国女王エリザベス2世の戴冠式へ参列した。

じつは、昭和天皇が即位後に海外を訪問したのはわずか2回で、今上天皇は皇太子時代に天皇の御名代を含めて23回、即位してから平成29年（2017）までは20回も海を渡っている。なぜ海外訪問に御名代を立てる必要があったのかというと、昭和に入り急激に外交の機会が増えたため、天皇自らそれらすべてに出席していては、毎日のようにある国事行為に差し障りがあると考えたからである。一方、現在の今上天皇は、国事行為をこなしながら海外訪問も積極的に行っている。昭和39年（1964）に国事行為の臨時代行に関する法律が施行され、それにより、天皇が多少の時間を確保することが可能になったのだ。

では、行き先はどのように決めるのか。まず前提として、天皇や皇族が希望を出すのではなく、招待されて出向くものである。昭和51年（1976）、当時皇太子だった明仁親王は妃の美智子殿下を伴い、ヨルダン、ユーゴスラビア、イギリスの3か国を訪問。イギリスではエリザベス女王と一緒に競馬のレースを観戦した。また、平成14年（2002）には美智子皇后が単独でスイスへ渡り、国際児童図書評議会創立50周年記念大会に出席。皇后は児童書の翻訳も手がけ、同評議会の名誉総裁も務めている。両陛下がこれまでに訪れた国は100か国以上に及び、行く先々で交流を深めた。訪問が叶わない時には、手紙を書いて想いを伝えることもあるという。

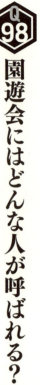

Q98 園遊会にはどんな人が呼ばれる？

毎年2回、春と秋に開かれる園遊会は、両陛下が主催する恒例行事だ。戦争などで一時中断することもあったが、明治時代に観菊会、観桜会としてはじまって以来、すでに100年以上も続いている。会場は赤坂御苑で、招待者の数は毎回2000人程度。では、具体的にどのような人たちが招かれているのだろうか。宮内庁要覧によると、「内閣総理大臣、国務大臣、衆参両院正・副議長・議員、最高裁判所長官・判事、その他の認証官など立法、司法、行政各機関の主要な人々、都道府県の知事及び議会議長、市町村長及び議会議長、各界功績者並びにそれぞれの者の配偶者」とある。人選は、内閣官房長官を通して宮内庁から各省庁に依頼。招待者の範囲には各国の大使や外交官も含まれ、こちらもやはり配偶者や令嬢が同伴する。当日両陛下は賑わう苑内をゆっくり歩きながら、集まった人々に優しく声をかけていく。

なお、各界功績者というのは、「産業・文化・芸術・社会事業などの分野で功労のあった人々」を指す。その中からさらに、スポーツ選手・作家・学者・タレントなど、いわゆる旬な人を五から六人、宮内記者会が選んでおき、あらかじめ前列に並んでもらうのだという。というのも陛下に向かってマイクを突き出したり、陛下にピンマイクを着けて音声を拾うことは禁止されているが、この招待者にピンマイクを付けてもらい、音声を録音することは可能。その時の会話の模様はニュースで流され、両陛下や皇族の人柄を視聴者に伝えてくれる。

平成24年(2012)10月25日、赤坂御苑での園遊会の様子。ロンドン五輪メダリストの吉田沙保里選手など約1700人が出席した(宮内庁提供)

昭和57年（1982）、柔道家の山下泰裕さんや、タレントの黒柳徹子さんが列席した時には、昭和天皇が黒柳さんに「本書いたんだって？」と声をかける場面がテレビに映し出された。園遊会は、天皇、皇族が国民と直接ふれあう貴重な機会なのだ。

Q99 民間でも使われている「御所言葉」とは？

室町時代から皇室に伝わる独特の言葉づかいを「御所言葉」という。お父さんは「おもうさま」、お母さんは「おたたさま」といい、今上天皇が皇太子だった頃、妃殿下ともども子どもたちからそう呼ばれていた。他に、米は「およね」、髪の毛は「おぐし」、トイレは「おとうしょ」、健康は「お元気さん」などいろいろあり、隠語として生まれたのがはじまり。主に女官が話す言葉だったが、昭和天皇が女官制度を改革したことで御所言葉の使用が廃止され、今ではほとんど死語になっている。

幕末になるまで、天皇と面会できるのは時の権力者や一部の公家などに限られていた。そんな閉ざされた空間で生活を送り、外出する機会もほとんどなかった天皇にとって、身のまわりの世話をしてくれる女官たちが話す御所言葉こそ、日常の言葉だった。昭和に入ってからも同様で、昭和天皇がはじめて一般語に触れたのは、昭和21年（１９４６）にはじまった戦後の全国巡幸の時だったという。当初一般語をうまく話すことができなかった昭和天皇は人々との会話もぎこちなかったが、９年間に及ぶ巡幸の間にすっかりマスターし、後半に差し掛かる頃には笑顔で会話できるようになっていた。そのような経験からか、はたまた奥向きの特別な言葉を日常的に使うことで自分たちの中に特権意識が芽生えてしまうかもしれないと危惧したのか、昭和天皇は女官制度を改革。普段から国民と同じ言葉を話し、親身になってその思いを汲みとるべきだと考えたようだ。ある時、ベテランの女官が天皇の前でつい御所言葉を使ってしまったことがあった。天皇は「一般に通じない言葉は使うべきではない」ときつく注意したという。

一方で、いつのまにか民間に伝わり、今でも残っている御所言葉がある。「おひや」、「おさゆ」「おつむ」「むずかる」がそうで、他にも「おでん」や「なす」「ひもじい」など挙げるときりがない。なんと「おなら」もそうだ。宮中では死語になっている御所言葉が、逆に一般語として定着し、今も知らず知らずのうちに使われているというのはとても興味深い。もともとは、町方の人々が上流階級の言葉を真似することで会話を洗練されたものにしようとしたのだという。

昨今、特権階級が使う特別な言葉としては消えつつあるが、日本の歴史ある文化として御所言葉を引き継いでいくべきだという動きもある。何気なく交わす会話の中にどれだけ御所言葉が登場しているか、注目してみるのもおもしろい。

主な参考文献

『歴史のなかの天皇』吉田孝著（岩波新書）
『神話で読みとく古代日本』松本直樹著（ちくま新書）
『天皇諡号が語る 古代史の真相』関裕二監修（祥伝社新書）
『歴代天皇総覧』笠原英彦著（中公新書）
『応仁の乱』呉座勇一著（中公新書）
『天皇125代と日本の歴史』山本博文著（光文社新書）
『武士の成立』元木泰雄著（日本歴史叢書）
『摂関政治』古瀬奈津子著（岩波新書）
『女性天皇』瀧浪貞子著（集英社新書）
『承久兵乱記』村上光徳編（おうふう）
『上宮聖徳法王帝説』東野治之校注（岩波文庫）
『院政とは何だったか』岡野友彦著（PHP新書）
『装束の日本史』近藤好和著（平凡社新書）
『日本書紀』宇治谷孟訳（講談社学術文庫）
『明治天皇の大日本帝国』西川誠著（講談社）
『「天皇機関説」事件』山崎雅弘著（集英社新書）
『現代家系論』本田靖春著（文春学藝ライブラリー）
『いま知っておきたい天皇と皇室』山下晋司著（河出書房新社）
『天皇はなぜ生物学を研究するのか』丁宗鐵著（講談社＋α新書）
『日本人なら知っておきたい 皇室のしくみ』五味洋治他著（宝島社）
『古事記を読みなおす』三浦佑之著（ちくま新書）
『聖徳太子の真実』大山誠一編（平凡社ライブラリー）
『戦国時代の天皇と公家衆たち』日本史史料研究会監修／神田裕理編（歴史新書y）
『週刊 新発見！日本の歴史12 奈良時代2』（朝日新聞出版）
など

イースト新書Q

Q048

天皇《てんのう》と皇室《こうしつ》の謎《なぞ》99
かみゆ歴史編集部《れきしへんしゅうぶ》

2018年7月20日　初版第1刷発行

執筆協力　飯山恵美、川合章子、信藤舞子、
高宮サキ、野中直美

DTP　松井和彌
発行人　北畠夏影
発行所　株式会社イースト・プレス
東京都千代田区神田神保町2-4-7
久月神田ビル　〒101-0051
Tel.03-5213-4700　Fax.03-5213-4701
http://www.eastpress.co.jp/
ブックデザイン　福田和雄(FUKUDA DESIGN)
印刷所　中央精版印刷株式会社

ISBN978-4-7816-8048-4